ETERNO PRESENTE NO TÚNEL DO TEMPO

Editora Appris Ltda.
1.ª Edição - Copyright© 2021 dos autores
Direitos de Edição Reservados à Editora Appris Ltda.

Nenhuma parte desta obra poderá ser utilizada indevidamente, sem estar de acordo com a Lei nº 9.610/98. Se incorreções forem encontradas, serão de exclusiva responsabilidade de seus organizadores. Foi realizado o Depósito Legal na Fundação Biblioteca Nacional, de acordo com as Leis nos 10.994, de 14/12/2004, e 12.192, de 14/01/2010.

Catalogação na Fonte
Elaborado por: Josefina A. S. Guedes
Bibliotecária CRB 9/870

M321e 2021	Marcon, João 　　Eterno presente no túnel do tempo / João Marcon. - 1. ed. - Curitiba : Appris, 2021. 　　　117p. ; 23 cm. 　　　Inclui bibliografia. 　　　ISBN 978-65-250-0020-6 　　1. Ficção brasileira. I. Título. II. Série 　　　　　　　　　　　　　　　　　　　　　　CDD – 869.3

Livro de acordo com a normalização técnica da ABNT

Appris editora

Editora e Livraria Appris Ltda.
Av. Manoel Ribas, 2265 – Mercês
Curitiba/PR – CEP: 80810-002
Tel. (41) 3156 - 4731
www.editoraappris.com.br

Printed in Brazil
Impresso no Brasil

João Marcon

ETERNO PRESENTE NO TÚNEL DO TEMPO

FICHA TÉCNICA

EDITORIAL	Augusto V. de A. Coelho
	Marli Caetano
	Sara C. de Andrade Coelho
COMITÊ EDITORIAL	Andréa Barbosa Gouveia (UFPR)
	Jacques de Lima Ferreira (UP)
	Marilda Aparecida Behrens (PUCPR)
	Ana El Achkar (UNIVERSO/RJ)
	Conrado Moreira Mendes (PUC-MG)
	Eliete Correia dos Santos (UEPB)
	Fabiano Santos (UERJ/IESP)
	Francinete Fernandes de Sousa (UEPB)
	Francisco Carlos Duarte (PUCPR)
	Francisco de Assis (Fiam-Faam, SP, Brasil)
	Juliana Reichert Assunção Tonelli (UEL)
	Maria Aparecida Barbosa (USP)
	Maria Helena Zamora (PUC-Rio)
	Maria Margarida de Andrade (Umack)
	Roque Ismael da Costa Güllich (UFFS)
	Toni Reis (UFPR)
	Valdomiro de Oliveira (UFPR)
	Valério Brusamolin (IFPR)
ASSESSORIA EDITORIAL	Evelin Kolb
REVISÃO	Aline de Azevedo Rodrigues
PRODUÇÃO EDITORIAL	Jaqueline Matta
DIAGRAMAÇÃO	Danielle Paulino
CAPA	Karen Tortato
COMUNICAÇÃO	Carlos Eduardo Pereira
	Débora Nazário
	Kananda Ferreira
	Karla Pipolo Olegário
LIVRARIAS E EVENTOS	Estevão Misael
GERÊNCIA DE FINANÇAS	Selma Maria Fernandes do Valle
COORDENADORA COMERCIAL	Silvana Vicente

Dedico este livro:
A todos os imigrantes do mundo!
A todos os refugiados que estão em busca de novas esperanças!

Ciao, Itália!
Nós estamos indo...
Para onde?

PREFÁCIO

Era uma manhã comum para o meu dia, que eu iniciava tomando meu café e pensando nas Constelações Sistêmicas que eu iria facilitar naquele dia...

A campainha tocou, era oito e meia da manhã, engoli meu café e, para minha surpresa, vi aquele senhor com roupa esportiva, cabelos brancos esvoaçantes, aquele sorriso único: Seu João Marcon.

Conheci Senhor João por meio de uma amiga em comum, Talita Rosa, cujo espaço de alimentação saudável frequentamos, e dali nasceu uma grande amizade. Nossas conversas fluíam em todo encontro: falávamos sobre energias, leis universais, padrões e crenças limitantes, autoconhecimento, viagens e Constelação...

Até que, um dia, ele chegou e me disse:

— Camila, quero Constelar com cavalos!

Confesso que fiquei surpresa. Ele sempre decidido e espontâneo.

Naquela mesma semana, no dia 2 de abril de 2017, aconteceu sua Constelação com cavalos.

Sempre digo que Constelar é para os corajosos. Mergulhar profundamente em direção a nós mesmos, olhar e acolher todos que vieram antes, guiar-nos para o despertar do Eu... Permite-nos seguir o fluxo da vida, honrando todos aqueles que vieram antes. Sua Constelação foi um marco para mim. E para ele...

Um cavalo em especial direcionou-se ao lado do Senhor João, depois outro cavalo, logo atrás.

Seu João olhou para mim e disse:

— Minhas pernas pesam, Camila.

Eu lhe disse:

— Reverencie! Olhe para esse cavalo ao seu lado e diga "Agora eu vejo você, pai!".

E ele, em total entrega, ajoelhou-se...

Os cavalos abaixaram a cabeça. O cavalo Joca, que estava ao seu lado, chorou... A emoção tomou conta, Senhor João trouxe memórias de seus pais.

Movimento de cura!

No fim da Constelação, ele me disse, com aquele olhar sereno, calmo:

— Camila, nunca imaginei ajoelhar para os meus pais, eu os senti. Sinto-me inteiro!

"Somente quando estamos em sintonia com o nosso destino, Com nossos Pais, com a nossa Origem e tomamos nosso lugar, temos Força." (Bert Hellinger).

A Constelação é uma abordagem sistêmica que permite o entendimento de padrões de comportamentos que estão dentro do sistema familiar. Bert Hellinger, alemão, teólogo, psicanalista, criou essa técnica quando esteve em um trabalho missionário na Aldeia de índios Zulus, na África. Ali, ele percebeu a harmonia, o equilíbrio da convivência, o respeito, a reverência aos que vieram antes e o pertencimento de cada membro, até daqueles que não se faziam mais presentes em vida.

E os cavalos?

Os cavalos atuam como representantes facilitadores naturais. Por serem animais de grande sensibilidade e autenticidade, eles se conectam e, por meio da linguagem corporal deles, vamos acessando e trazendo as curas para quem está Constelando... Vivência única, de amor profundo e de reverência aos ancestrais.

— Senhor João, que surpresa! O senhor cedo aqui em casa, entre!

Nesse momento de pandemia, sem abraço acolhedor, nós dois de máscara, (fazia 45 dias que não o via), ele chegou falando que precisava conversar comigo. Contou sobre o novo livro, e eu me entusiasmei, claro, pois fala sobre ancestrais, culturas, família...

— Quero te fazer um convite, Camila: que escreva o prefácio do meu terceiro livro, *O Eterno Presente no Túnel Do Tempo*.

— Sim, eu aceito, com muita honra!

— Eu vejo você!

Nas tribos Zulus, na África, a saudação usada entre eles é *Sawubona*, que significa "eu vejo você, você é importante para mim e eu valorizo você". É uma maneira de tornar o outro visível, de aceitá-lo como ele é, com suas virtudes, suas nuances e também seus defeitos. Em resposta a essa saudação, geralmente dizem *Shikoba*, que significa "eu existo para você".

"Eu vejo você" é uma frase de cura dentro das Constelações.

"Constelar é dizer sim para vida." (Camila Nogueira).

Senhor João disse sim, permitiu esse novo olhar para vida e seguiu realizando seus sonhos, viajando pelo mundo e se tornando um grande escritor. Ele me inspira. Este livro vai levar o leitor à sua essência ao olhar suas raízes e ver que somos todos iguais nas diferenças.

Reconexão!

Camila Graziella de Oliveira Nogueira[1]

---

[1] Terapeuta integrativa, reiki master, consteladora com cavalos, estudante de psicanálise, eterna estudante da alma humana. Há 20 anos, entrou nesse mundo holístico e, há 8 anos, atua como terapeuta. Atende atualmente em Boituva, no seu Espaço Constelà Terapias Integrativas e no seu Rancho, onde atende constelação e aprendizagem assistida por cavalos. Apaixonada por estes, foi em busca de formações e estudos sobre a Sabedoria da Manada, realizando o seu sonho de ter os cavalos como parceiros naturais em seus atendimentos.

SUMÁRIO

CONSIDERAÇÕES INICIAIS 19

CONSTELAÇÃO FAMILIAR 23

EMIGRAÇÃO VISTA DA ITÁLIA 27
    Saindo? ... Sim 31
    A mala tem sido o símbolo da emigração 31
    A jornada e os objetivos 31
    O trabalho 32
    As causas da partida 32
    Os documentos para sair 33
    Os agentes de emigração 34
    Para o emigrante italiano. 34

PORTO DE GÊNOVA 37

PORTO DE SANTOS 43

FAMÍLIA 47
    Luigi Marcon, o "capo famiglia", e seus descendentes 47
    Giuseppe Marcon 50
    Luiz Marcon 53
    Ângelo Marcon 54
    Virgínia Marcon 56
    Pedro Marcon 58
    João Marcon 64
    Trecho referente ao meu pai, João Marcon, retirado do livro escrito pelo Padre Olavo 70
        Um Marcon que se chamava João... 70
    O crucifixo da Câmara Municipal 73
    Leilões da festa de São Roque 73
    Rosalina Betti 74
    Jose Marcon Filho 80

    Carolina Marcon...82

NAVIO SAN MARTIN 85
    Città di MANSUÈ...91
    Città di MARCON 96
    Pueblo de Marcón 101
    Os Marcon no mundo!..103

CONSIDERAÇÕES FINAIS 107

FONTES NACIONAIS..115

Figura 1 – Árvore Genealógica

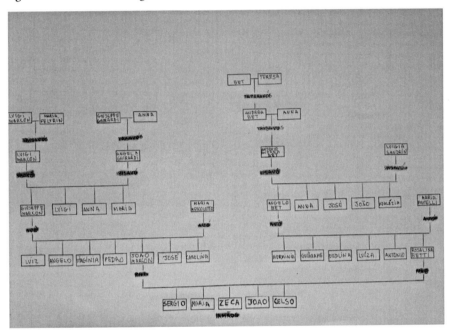

Fonte: o autor

CONSIDERAÇÕES INICIAIS

Quando jovem, tive curiosidade de montar a árvore genealógica da família.

Desde então, fui à busca de nossas raízes: muitas pesquisas em livros, cartórios, cemitérios, conversas com uns e com outros. Quem foi essa família Marcon que largou tudo na Itália e se estabeleceu no estado de São Paulo? Só sei que comecei essas pesquisas meio que por brincadeira, mas depois não conseguia mais parar. Era viciante... era um tipo de paixão!

Figura 2 – Em busca das raízes

Fonte: o autor

De repente, na dança da vida, eu, que vivia tudo certinho e convivia com a minha esposa, não tinha mais aquela companheira que viveu comigo por 40 anos. Como a morte a tirou para dançar em 2011, eu estava só, e minhas prioridades precisaram ser outras, então a montagem da árvore genealógica deixou de ser prioritária e ficou bem esquecida na gaveta, dormindo, por um longo tempo, como que hibernando.

No início de fevereiro de 2019, quando estava arrumando a estante e as gavetas, me deparei com aquele amontoado de informações, e surgiu a ideia de escrever um livro, para que a memória não se perdesse para sempre. Será que é desejar demais que dessa busca transpareça toda a árvore do presente?

A partir de agora, estou firmando esse compromisso comigo de escrever. Sei que é difícil começar, difícil é sentar para escrever. Mas aqui estou eu a digitar as primeiras palavras e espero que, em breve, tenha formatado tudo, apesar das minhas limitações.

Estou consciente, também, de que vou encontrar muitas dificuldades com os parentes distantes. Será que eles vão entender o espírito disso tudo? Será que vão ficar temerosos de atender um telefonema pelo celular, pensando que é trote? Será que vão confiar em passar alguns simples dados, como data de nascimento?

Mas tem o lado bom: com a nova tecnologia, há parentes que abrem o coração pelo WhatsApp e até comentam a profissão dos filhos, mesmo os que moram no exterior. Confesso que fico feliz quando encontro esse tipo de feedback!

Por outro lado, tem portas que nem se abrem, portas semiabertas e até portas se fechando na minha cara. Não os culpo, o tempo distancia, e cada um ao seu jeito vai tocando a vida. Creio que, para dar uma liga bem legal entre todos, bom seria fazer um grande encontro dos Marcon e agregados. Uma grande família... seria sonhar demais? Fico aqui pensando na música dos Beatles "Imagine"!

João, você é um sonhador... Sou do signo de peixes, talvez seja por isso!

Gosto demais desta foto na Praça da Matriz da nossa amada Boituva, onde, naquela época, ainda havia o coreto e as árvores – antes de serem atacadas pelos insetos com o nome vulgar de *lacerdinhas*.

Fotografia 1 – Coreto da Praça da Matriz

Na foto, sentados, da esquerda para a direita, eu e meu irmão, Sérgio Marcon. Em pé, os primos, Guaracy Marcon e Edna Marcon. Também tem uma criança espiando, que desconhecemos. Devia ser o ano de 1962, eu com meus 15 anos. Como bem lembrou a Edna, devido à praga dos lacerdinhas, houve um tempo em que cortaram todas as árvores da praça, que ficou por um bom tempo bem feia sem o verde, parecendo um deserto.

Fonte: o autor

Em diversas épocas, a pesquisa está presente entre as práticas de vários povos. Há mais de 3 mil anos, os celtas, que viviam na Europa, já se preocupavam em desenhar sua árvore genealógica ou árvore da vida.

As minhas pesquisas vão até o terceiro avô. Ah, como gostaria ter chegado ao quarto avô! E por que não ao quinto avô? Aí teria que passar muito tempo na Itália. Sem contar que, quanto mais antigo, tudo é mais complicado. Mas fica a dica para quem quiser continuar essa busca das nossas origens.

Vejam a dificuldade que tive para obter mais informações sobre o nosso bisavô e poder chegar ao trisavô:

Assunto: Ricerca storica di Luigi Marcon e Maria Feltrin
Si comunica che i registri dello Stato Civile di questo Comune partono dal 1871. Non è pertanto possibile effettuare la ricerca richiesta.
L'Ufficiale di Stato Civile, Silvia Brugnera - demografici@comune.fontanelle.tv.it

Assunto: Ricerca storica di Luigi Marcon e Maria Feltrin
Si comunica che i registri dello Stato Civile di questo Comune partono dal 1871. Non è pertanto possibile effettuare la ricerca richiesta.
L'Ufficiale di Stato Civile, Silvia Brugnera - demografici@comune.fontanelle.tv.it

Na linguagem dos genealogistas, esses são pontos que eles chamam de pontos aparentemente sem saída. Como solucionar "fins-de-linha"? Segundo a genealogista Marta Maria Amato, temos que ter PPP – paciência, perseverança e perspicácia. Marta é uma referência no país e é membro de diversas entidades genealógicas do Brasil e do exterior. Acompanhei seus passos pelo jornal.

Quero destacar aqui, também, o trabalho dos mórmons, da Igreja de Jesus Cristo dos Santos dos Últimos Dias, mesmo que não os conheça pessoalmente. Eles utilizam o computador para achar as raízes genealógicas espalhadas pelo mundo, dizem que prestam informações até a quem não é da igreja deles.

Vejam que interessante a árvore genealógica de ascendentes e a dificuldade em mergulhar no tempo em busca de nossos ancestrais:

Pais: 2
Avós: 4
Bisavós: 8
Trisavós: 16
Tetravós: 32
Pentavós: 64
Hexavós: 128
Heptavós: 256
Octavós: 512
Eneavós: 1024
Decavós: 2048
Num total de 11 gerações, chega-se a 4094 ancestrais...
Isso tudo em, aproximadamente, 300 anos antes de nascermos.

Fonte: Wikipédia – enciclopédia livre

CONSTELAÇÃO FAMILIAR

Segundo Bert Hellinger, a "Lei da Ordem" rege nossa vida. Os pais são os "grandes" e os filhos são os "pequenos", não importa a idade. A vida flui do grande para o pequeno, e quem "salva" os filhos é pai e mãe. Quando inverte essa ordem, o filho fica "grande" em relação aos pais, sai do seu lugar e, fora dessa ordem, a vida não flui, então ele fica vazio. É a Constelação Sistêmica que restabelece a ordem do sistema. O constelador trabalha a serviço da VIDA. Acho isso lindo e profundo demais! Deixo aqui minha gratidão e admiração pelas minhas amigas consteladoras que tanto já me ensinaram!

A nossa origem é a Itália, país em formato de bota – o que representa bem a ideia desse povo cujo destino é "correr mundo".

Figura 3 – Regiões da Itália

Fonte: Google mappa dell'italia regioni

A nossa origem é desse país em formato de bota, que veio para o Brasil no período da grande imigração italiana, cujo período mais intenso se deu entre 1887 e 1900. O Brasil chegou a acolher 1,5 milhão de italianos. A Argentina recebeu o dobro, e os Estados Unidos, quatro vezes mais.

Quem dá recebe, já dizia São Francisco. Olhem que bacana: o Vêneto foi esvaziado pela emigração, perdeu o que tinha de mais precioso, que era sua gente. Hoje, o Vêneto é bem desenvolvido e rico, inclusive distribui riquezas para populações menores.

A causa principal da emigração de parte da família Marcon para o Brasil foi a dominação austríaca que arrasou a região do Vêneto. E era voz corrente lá: "é preciso emigrar, é preciso emigrar; se ficarem aqui, morrem de fome". E também "vão para a América, vão para a América". Será que a expressão "fazer a América" vem daí?

O trabalho foi a bandeira dos imigrantes. O trabalho e a poupança, como diz João B. B. Pereira, em seu livro *Italianos no Mundo Rural Paulista*, pois:

> [...] a partir do instante em que enfrenta o novo país, quaisquer que tenham sido os motivos que trouxeram o imigrante à nova terra, o fator econômico se faz presente de forma preponderante, se configura de maneira plena [...] (PEREIRA, 2002, p. 32).

O estado de São Paulo nunca teve muita influência dos portugueses como tinham os estados do Nordeste, onde a implementação dos engenhos de cana-de-açúcar proporcionava cidades muito bem edificadas.

Aí aconteceu a Grande Imigração Italiana, mudando a face do Brasil. São Paulo, de repente, era o condutor.

Tínhamos agora o Dr. Café. Em 1886, quando Sr. Antônio de Queiroz era presidente da província de São Paulo, foi constituída a Sociedade Promotora da Imigração com o objetivo de recrutar mão de obra diretamente da Europa para trabalhar nas lavouras. Em larga escala, São Paulo, principalmente, acolheu os imigrantes italianos.

Conforme afirma Franco Cenni, em *Italianos no Brasil*,

> [...] mais tarde outras leis aperfeiçoariam o sistema, concedendo ao imigrante estada gratuita por oito dias na Hospedaria dos Imigrantes e transporte gratuito em todas as estradas de ferro e linhas marítimas, até sua definitiva instalação [...] (CENNI, 2003, p. 163).

Não se falava, mas um dos objetivos dessa política era branquear a população brasileira. Os objetivos claros, por sua vez, eram ocupar as terras devolutas e substituir o trabalho escravo pelo trabalho livre.

Pensando alto, o Brasil ficou em débito com os escravos, não dando a eles o que foi dado aos imigrantes. Muito triste essa parte da nossa história.

Naquele contexto, tinha-se duas imagens: uma da Itália praticamente expulsando parte de sua população e outra de São Paulo suprindo seus cafezais com esse pessoal, aliás, com tapete vermelho.

Ainda de acordo com Cenni,

> [...] os meus ouvidos e os meus olhos guardam cenas inesquecíveis. Não sei se a Itália o seria menos em São Paulo. No bonde, no teatro, na rua, na igreja, falava-se mais o idioma de Dante que o de Camões. Os maiores e mais numerosos comerciantes e industriais eram italianos. Os operários eram italianos [...] (CENNI, 2003, p. 262-263).

Nádia Marzola (1979), em seu livro *Bela Vista*, narra:

Souza Pinto, um jornalista português que estava na cidade na mesma época não conseguiu se fazer entender por vários cocheiros, todos falando dialetos peninsulares e gesticulando a napolitana. Escritas em italiano eram também as tabuletas de vários edifícios. Encontramo-nos a cogitar se por um estranho fenômeno de letargia em vez de descer em São Paulo teríamos ido parar na cidade de Vesúvio.

Até imagino São Paulo de repente poliglota. Um milhão de italianos vieram para São Paulo (a língua italiana predominava), 500 mil portugueses, 400 mil espanhóis, 190 mil japoneses.

Nessa minha pesquisa, me chamou a atenção um núcleo de aproximadamente 3 mil norte-americanos que veio para cá e se radicou em Santa Bárbara d'Oeste e Americana, em decorrência da Guerra de Secessão. A título de curiosidade: no cemitério de Santa Bárbara, há 20 soldados confederados enterrados.

Mas voltemos aos nossos italianos. Com essa vinda maciça, teve início a industrialização. São Paulo, então, começou a se destacar no Brasil (já era a cidade condutora!). Sem bairrismo, só estou relatando a nossa história. Se alguém achar o contrário, respeito também.

Por ocasião da 1ª Semana Veneta em São Paulo, industriais italianos publicaram no jornal Folha de S.Paulo, em 1983:

Grazie tante, veneti!

Você pode chamar de herança, dizer que está no sangue, achar que veio do berço. Tanto faz. A verdade é que os vênetos têm em comum uma incrível disposição para o trabalho. Essa disposição e o gosto pelas iniciativas individuais já são mais do que suficientes para explicar o sucesso que esses imigrantes alcançaram no Brasil.

Aqui, eles encontraram o que estavam procurando: trabalho e liberdade. E mais, muito mais. Encontraram também apoio, amizade, calor humano. Coisas que os latinos conhecem tão bem. E sem as quais um italiano não vive.

A 1ª Semana da Cultura Regional Italiana (Veneza e Vêneto) em São Paulo é uma boa oportunidade para a gente falar duas coisinhas que estão aqui no coração e que precisavam ser ditas. Como brasileiros que somos, queremos dizer grazie tante, vênetos.

E como vênetos que aqui chegaram um dia, muito obrigado, brasileiros.

Papaiz Industria & Comércio

Udinese Industria & Comércio

EMIGRAÇÃO VISTA DA ITÁLIA

Organizei este capítulo para tratar da emigração a partir do ponto de vista italiano, a fim garantir uma publicação bem transparente, que permitisse conhecer os dois lados da história. Começo com uma poesia, pois a minha alma é poeta... é leve! Logo depois, o grosso dos comentários foi retirado da publicação on-line do Museo dell'Emigrazione Italiana.

Comecemos com o poeta Gianni Rodari, "O Trem dos Imigrantes":

Não é grande,
a mala do emigrante não é pesada...
Há um pouco de terra na minha aldeia,
para não ficar sozinho na estrada...
um vestido, um pão, uma fruta
e isso é tudo.
Mas meu coração não, eu não o trouxe:
não entrou na mala.
Muitos problemas ele teve que sair,
além do mar, ele não quer ir.
Ele permanece fiel como um cachorro.
na terra que não me dá pão:
um pequeno campo ali em cima...
Mas o trem corre: você não pode mais vê-lo.
(RODARI, 1952)

Edmondo de Amicis[2] - "Os Emigrantes" (1882)

---

[2] Edmondo de Amicis (1846-1908) deixou uma obra literária extensa sobre a emigração: *Sull'Oceano* é um clássico do êxodo migratório. Além de escrever sobre, ele fez a travessia do Atlântico até Buenos Aires. Em seus relatos, ele passa para todos nós a angústia e as expectativas dos que deixavam a Itália, a mãe-pátria.

Com olhos sombrios, bochechas vazias,
pálidas, em um ato triste e grave,
apoiando mulheres de coração partido e mortas, e
apressadamente elas sobem ao navio
Como subir ao palco da morte.

E todo mundo se contém em seu peito trêmulo tudo o que ele tem na terra.
Outros um pacote miserável, outros um apaixonado
Bimbo, que agarra
seu pescoço, aterrorizado pelas imensas águas.

Eles sobem em uma longa fila, humildes e mudos, e por cima dos rostos marrons e abatidos,
ainda úmidos, a tristeza desolada
De saudações extremas
Dados para as montanhas que nunca mais verão.

Eles sobem, e cada um dos alunos tristes.
Na rica e gentil Gênova, para com a
intenção de profundo espanto,
como acima de uma festa,
um moribundo fixaria os olhos.

Aninhados ali como joias.
No arco frio mordido pelos ventos,
Eles migram para terras inóspitas e distantes;
Esfarrapados e frágeis, eles
cruzam os mares em busca de pão.

Traídos por um comerciante enganoso,
Eles vão, objeto de ridículo para o estrangeiro.
Bestas de carga, desprezadas pelos heveus,
carne do cemitério,
eles vão para o acampamento da angústia em praias desconhecidas.

Eles vão, sem saber de tudo, onde a
fome os levam, a terras onde outras pessoas morreram;

Como o mendigo cego ou vagabundo
erra de porta em porta, eles vão de mundo em mundo.

Eles vão com os filhos como um grande tesouro,
escondendo uma moeda de ouro no peito, um
fruto secreto de infinitas dificuldades,
e as mulheres com eles,
mártires chorosos e estúpidos.

Mesmo na angústia daquela última
hora, a terra que os recusa ainda ama;
Eles ainda amam o chão maldito
que devora seus filhos
onde suam mil e vivem apenas um.

E naqueles momentos solenes eles têm em seus
corações as belas enseadas de águas alegres,
e as pequenas igrejas brancas e os pacíficos
lagos cercados por plantas,
e as tranquilas aldeias onde nasceram!

E cada um, talvez, soltando um grito:
se pudesse, retornaria à praia;
Ele voltaria a morrer pelos nativos
Monti, no ninho triste,
onde seus velhos vilões choram.

Adeus, pobres idosos! Em menos de um ano,
Rosi, de miséria e ansiedade,
Talvez você morra lá sem luto,
E as crianças não saberão,
E você irá nu e sozinho ao cemitério.

Pobres velhos, adeus! Talvez neste momento
do silêncio silencioso que o pôr do sol doura
o homem cria seus filhos para abençoar...
Abençoe-os novamente:
Todos sofrem, muitos morrem.

Aqui está o majestoso e lento
navio Salpa, Gênova gira, o vento sopra.
Um véu se estende sobre a vaga praia,
E o grupo consternado
lança um grito desolado ao céu.
Quem na praia que estende os braços.
Quem em seu pacote inclina o rosto,
Quem derrama uma onda amarga de
seus olhos, abraça seu companheiro,
Que suplicando a Deus dobra os joelhos.

E o navio acelera e o dia morre,
e um som de choro e gritos de dor
vagamente confuso ao som da onda
A multidão que assistia a partir da costa.

Adeus, irmãos! Adeus, problemas dolorosos!
Que o céu e o mar tenham a piedade misericordiosa
o sol alegrará a jornada miserável;
Adeus, gente pobre,
se dê paz e tenha coragem.

Aperte o nó das afeições fraternas.
Proteja os garotinhos do frio, compartilhe
os trapos, o dinheiro, o pão.
Desafiem unidos e fechem
a perversão dos infortúnios humanos.

E que Deus te traga de volta aqueles mares
E volte para as humildes e queridas aldeias, para encontrar novamente as
casas desertas à beira
seus velhos homens de braços abertos.

****Temos ainda as publicações do Museo dell'Emigrazione Italiana on-line:

Saindo? ... Sim

A emigração italiana continuou das últimas décadas do século XIX até os anos setenta do século XX e foi caracterizada pela dispersão geográfica em todo o mundo. O que chamamos de "fatores de expulsão" diz respeito à agricultura (ameaçada pelas importações de baixo preço do trigo americano e de outros cereais), à concorrência de alguns países europeus no comércio de petróleo e vinho e, especialmente na região Sul, à grande extensão da propriedade e à prática de técnicas culturais primitivas.

A mala tem sido o símbolo da emigração

Antes da mala, havia o "pacote": um pedaço de pano – um xale na melhor das hipóteses – para embrulhar coisas que eram levadas para o novo país. A palavra "pacote" hoje é amplamente usada em sentido figurado: cobrir ou envolver uma pessoa com roupas pesadas e abundantes de modo a torná-las um pacote. Em algumas das fotos publicadas aqui, vemos mulheres embrulhadas, elas mesmas são malas porque estão vestindo várias roupas, em camadas, para não deixar seus pertences sem vigilância nos porões.

No embrulho ou na mala, havia um mundo inteiro: lembranças da família desaparecida, um bilhete para um parente ou um compatriota, às vezes uma carta de apresentação para alguém que, esperava-se, poderia dar ajuda, comida, um instrumento musical... um mundo, de fato.

A jornada e os objetivos

Os emigrantes italianos se dispersaram "aos quatro ventos". Eles atingiram todos os países do mundo em quantidades variadas. Desde 1876 (o ano em que os expatriados começaram a contar) e durante um século: mais de dez milhões deixaram o sul e as ilhas, cinco milhões deixaram o Centro, cinco milhões e meio, o Nordeste e cinco milhões, o Noroeste. Eles se originaram, principalmente, de Vêneto, Campânia, Sicília, Lombardia, Piemonte e Calábria.

Os países que mais receberam italianos foram, em ordem decrescente: Estados Unidos da América (cerca de seis milhões), França (quatro milhões e meio), Suíça (cerca de quatro milhões), Argentina (cerca de três milhões), Alemanha (cerca de dois milhões e meio), **Brasil (um milhão e meio)** e Canadá (mais de meio milhão).

O trabalho

A emigração italiana teve muitas faces e também se caracterizou por ter exportado altas habilidades profissionais para todo o mundo. O capital dos emigrantes era o trabalho acompanhado, sempre, por uma série de recursos não materiais: determinação para trabalhar de qualquer maneira e em qualquer condição; perseverança mesmo diante de grandes obstáculos; inventividade que, às vezes, levava à obtenção de grandes resultados social e economicamente.

As causas da partida

Os camponeses excluídos do circuito agrícola não conseguiram encontrar um uso diferente em um país que ainda vivia o início da industrialização.

Em outras regiões, a nascente indústria mecanizada afastou artesãos e trabalhadores qualificados do mercado de trabalho. Eles foram para outros países porque lhes ofereceram melhores oportunidades para alcançar objetivos econômicos e sociais difíceis de alcançar em casa. Para eles, a emigração era apenas uma das opções de vida.

A decisão de sair era frequentemente tomada por influência de apelos feitos por parentes ou amigos do exterior e também encontrava conforto nos "guias para imigrantes", muitas vezes produzidos por países que queriam atrair mão de obra europeia. Eles mostravam imagens do paraíso terrestre: planícies sem limites, com vegetação exuberante, casas arrumadas, bairros urbanos organizados.

Esses sonhos expressos no papel, como casas bem cuidadas, núcleos urbanos organizados etc., eram exibidos sem escrúpulos por agências de viagens e agentes de companhias de navegação para convencer os indecisos a partirem. Podemos, portanto, falar em uma verdadeira "alavanca de migração" realizada com esse sistema em toda a Itália.

Figura 4 – Capa do Guia do Emigrante

Fonte: Museo Paolo Cresci em que publicado em SP - 1886

Os documentos para sair

O procedimento de expatriação incluía o pedido e a subsequente concessão do passaporte. Isso para o imigrante, desde o início do século XX, foi por um longo período caracterizado por uma capa vermelha. Para obtê-lo, era necessário solicitá-lo ao prefeito do município de residência, que, por sua vez, entregava o documento ao Ministério das Relações Exteriores, acompanhado de uma declaração de autorização de expatriação. No passaporte familiar do homem, sua esposa e seus filhos podiam ser registrados junto com seus ascendentes coabitantes.

Os agentes de emigração

Às vezes, os agentes eram verdadeiros emissários de empresas ou governos estrangeiros. Típico é o caso do Brasil, que, nas últimas décadas do século XIX, para incentivar a imigração da Europa, oferecia viagens gratuitas do ponto de partida ao destino final e concedia, por conta própria, muitas terras aráveis a cada família emigrada.

Para o emigrante italiano

Para coordenar e promover a assistência aos emigrantes pelo Estado Italiano, apenas no final de janeiro de 1901, após anos de debates parlamentares, foi estabelecido o Comissariado Geral de Emigração, que deveria ser o único centro de competências nesse assunto até então disperso entre muitos ministérios. Conjuntamente, foi criado o Fundo de Emigração, destinado a financiar as despesas dos diversos serviços, tais como receitas provenientes das transportadoras e dos próprios emigrantes.

A lei atribuiu ao Comissariado uma série de tarefas: consentimento e nomeação de representantes das transportadoras, vigilância de suas atividades, assistência aos emigrantes nos portos, nas viagens e no exterior, proteção de mulheres e crianças migrantes, repressão à emigração ilegal, bem como coleta e disseminação de informações úteis para os emigrantes.

O Comissariado também tinha a tarefa de alertar os emigrantes sobre os numerosos enganos que os agentes de emigração, operando tanto nos países de partida quanto nos de chegada, executaram em seu prejuízo.

Antes de sua criação, a assistência era prerrogativa de algumas instituições privadas. O monsenhor Giovambattista Scalabrini fundou, em 1887, a Sociedade da Piedosa Missionária de San Carlo, que tratava de emigrantes na Europa, nas Américas e na Austrália. Tal instituição ainda hoje opera e é conhecida como Congregação Scalabriana, baseada no nome de seu fundador.

Mais tarde, nos últimos anos do século XX, nasceu a Sociedade Humanitária, de inspiração leiga e reformista; pouco depois, a Ópera Católica Bonomelli, que operava apenas nos países da Europa e do Mediterrâneo.

Nos Estados Unidos, a exploração inicial de emigrantes encontrou um banco cada vez mais robusto em uma estrutura de assistência social, a Sociedade Benevolentes Italiana Católica de São Rafael.

Para o emigrante, vale um ditado siciliano: "E unni agghiorna agghiorna". É assim que Leonardo Sciascia explica em *Occhio di Capra*:

> E onde o dia será, o dia estará. Mas é um "onde" que também se aplica a "quando" e com uma nuance de "se", quando e onde for o dia, será dia. Diz-se na tomada de uma decisão que envolve riscos: como uma jornada empreendida na escuridão da noite, com a insegurança de alcançar uma meta; e ao amanhecer veremos onde teremos chegado, que lugar e destino foram atribuídos a nós [...] (SCIASCIA, 1984, p. 68-69, tradução nossa).

PORTO DE GÊNOVA

O "capo famiglia" dos Marcon, nessa imigração para o Brasil, foi o Luigi Marcon, nosso bisavô ou *bisnonno*.

Eram tempos difíceis. O capo tomou a decisão de emigrar e foi ao Serviço de Imigração de São Paulo na Itália, onde firmou um contrato em 22 de julho de 1887.

Fico imaginando o Luigi chegando em casa e contando para a família: *andiamo in Brasile, San Paolo, a lavorare com il caffè*! Será que conseguiram dormir aquela noite?

Finalmente o passaporte foi emitido pelo prefeito (*il sindaco*) de Mansuè (Itália) em 18 de janeiro de 1888, com validade de 1 ano. Era um documento único, emitido por Umberto I, rei da Itália:

> Em nome de Sua Majestade Umberto I, por graça de Deus e por vontade da Nação, Rei da Itália. O Ministro pelos afazeres Exteriores, no que confer a autoridade civil e militar de sua Majestade e das potências amigas e aliadas, de permitir passar livremente Marcon Luigi – Luigi com a mulher Ghirardi Ângela, 46 anos e filhos Anna, 18 anos, Maria, 14 anos, Giuseppe, 12 anos, que dirigir-se-ão a Santos, São Paulo, Brasil/América, para trabalhar.

Na aba esquerda do passaporte, algumas anotações: n.º do passaporte 282, n.º de registro 05 e informações sobre o *capo famiglia*: idade 48 anos, nascimento em Fontanelle, domicílio em Mansuè, condição de contratado. E mais alguns detalhes: cabelos castanhos e estatura média (cor dos olhos, barba e sinais particulares, entretanto, estavam preenchidos com traços, sem especificações). Aposto que, se fosse uma mulher a preencher esse documento, as informações seriam mais completas.

O outro filho de Luigi, já maior de idade (24 anos), também tirou um passaporte nessa mesma data. Prontos, estavam liberados para viajar, pegar estrada, ganhar o mundo...

Dez dias após a emissão do passaporte, em 28 de janeiro de 1888, deixaram Mansuè para trás. Era inverno, o frio estava de lascar e nevava. Mas a decisão já estava tomada e eles estavam em ação. Saíram com a roupa do corpo, é assim que fala?

Lembrei-me de um verso da Bíblia, penso que se encaixa aqui, ou não?

"Porém se alguém não vos receber, nem der ouvidos às vossas palavras, assim que sairdes daquela casa ou cidade, sacudi a poeira dos vossos pés como testemunho contra eles." (Mateus 10: 14, 15).

Segundo relatos do pároco de Mansuè, tudo levava a crer que foram até Treviso. De lá, pegaram um trem de 2ª classe até Gênova, com várias conexões.

Chegaram a Gênova em 1º de fevereiro de 1888 e logo procuraram o Consulado Geral do Império do Brasil na Itália, onde o cônsul-geral João Martins carimbou, datou e assinou o passaporte. Ao lado, um outro carimbo do Império. Até visualizo a cena, o nosso capo recebendo os parabéns e os desejos de boa viagem para toda a família. Precisa ser vidente para visualizar isso?

Gênova é uma cidade voltada ao mar, com um porto tradicional. Porta de saída para a América.

O navio, ou *vapore*, embarcado foi o francês San Martin (não é o San Martino, que é um navio de guerra muito famoso), e a numeração deles era de 317 a 321, conforme anotação no verso do passaporte.

Figura 5 – Quadro de Angiolo Tomasi "Saída dos Emigrantes"

Fonte: acervo Galeria de Arte Moderna em Roma

Agora vejamos a cena: as passagens eram fornecidas pelo governo brasileiro, e as companhias de navegação tinham interesse financeiro em lotar os navios o quanto antes. Pois é, o quadro de Angiolo Tomasi "Saída dos Emigrantes", do acervo da Galeria de Arte Moderna de Roma, dá uma ideia do que era essa partida, o porto socado de gente.

*Emigrantes iam embarcar para uma terra que nem sabiam direito onde ficava. Temos um relato de Júlio J. Chiavenato no seu livro *Coronéis e Carcamanos* (1982), do qual gostei muito:

> Trata-se do caso de uma família de judeus que vinha da Rússia, passando pela Alemanha, Áustria, até chegar a Itália, de com passaportes falsos, comprados, metamorfosearam-se em emigrantes italianos. Com algumas libras esterlinas nos bolsos, foi mais ou menos fácil chegar até o porto de Gênova, onde o navio os levaria para a América. Pretendiam montar sua tipografia, senão em Nova York, pelo menos nas proximidades e perto dos patrícios que emigraram antes. Às suas perguntas insistentes sobre o navio: América, América? Respondiam que sim, América! Qual não foi o seu desespero, após interminável viagem por mar e por terra, quando desembarcaram, juntamente com os "contadinos" (agricultores), em uma fazenda perto de Ribeirão Preto. Sentados em sua bagagem, foram deixados na estação, porque ninguém os entendia. Foram levados a um barracão para passar a noite, juntamente com os sertanejos e caboclos, que aguardavam um novo trem. Observavam e eram observados. Um casal deitado em uma rede olhava-os demoradamente. Medrosos, preferiram voltar para a estação. No próximo trem partiriam para alguma cidade... Ou tomariam o caminho de volta... Mas onde tinham chegado? Brasil, lhes disseram. Mas não era a América? Ele queria ir para a América! Sentia-se menor que um mosquito, um desgraçado.

> ... era uma terra quente. Fácil arrumar a bagagem de forma a protege-los durante a noite. Estranho: sabia que seriam roubados. Pensava, quando veio pelos trilhos um homem alto, com uma espada na mão erguida. Sim, é uma espada enorme, na mão erguida – Sara lembra o que isso significa, quantas vezes viu os homens fortes surgirem com as armas alçadas. Está escuro, mas ela vê o brilho da lâmina. Na outra mão ele traz o vidro. Quantas vezes o sacerdote vinha depois dos soldados, com um hissope, aspergindo água nas casas dos judeus? Sara via dos dois homens, num só. Avançava rápido e aproximando-se pulou para a plataforma. (Essa perseguição

por parte dos czares e sacerdotes ortodoxos na antiga Rússia tinha o nome de "pogrom").

Samuel Levantou-se, pálido, oferecendo seu frágil corpo para ser golpeado antes da família. Sara sentiu o coração parar, mas não quis morrer: ficou viva para abraçar as crianças – quem sabe elas se salvariam?

O homem apontou a espada para Samuel. A barba cerrada, o bigode grosso, mal encarado. O cabelo esgrouviado. A cara abriu-se um sorriso. Era o caboclo que se deitava na rede com a mulher. A espada, apenas um facão; na ponta carne assada. Na outra mão uma garrafa de pinga.

- Cumê e bebê, gringo.

Um meio sorriso milenar aflorou nos lábios do judeu. O sangue de Sara voltou a pulsar lentamente, naquela incerta esperança agridoce. As crianças abriram os olhos para o desconhecido, numa tímida curiosidade descrente. Viram o jagunço dos grandes dentes rindo.

- Eu sou Diogo da Rocha Figueira, seu criado. Não carece tê medo. Taqui na ponta do meu facão o acém do boi que eu mesmo matei. Cumê e bebê gringo.

Dioguinho acocorou-se. Tirou da bota a pequena faca e cortou a carne. "...Os judeus comem e o matador está contente, ali perto deles..."

"...Tomou um gole de pinga no gargalo e deu a garrafa a Samuel, que engoliu e engasgou, tossindo, vermelho, intoxicado. O caboclo ri satisfeito; Sara, as crianças, Samuel, riem. Está selada uma amizade..."

Pela manhã o casal está refeito, novas esperanças. Voltam ao barracão mas não encontram mais Dioguinho.

"... os matutos esquentavam café. Samuel olhou-os de frente e sorriu. Eles responderam sorrindo..." "... pegou no braço da mulher e mostrou-lhes: - Sara. Esfregou os dedos indicadores no gesto universal. Os peões entenderam. Sim, Sara, mulher dele. Apontou o indicador da mão direita para o peito: Samuel. Os sertanejos repetiram: Samuel. Ofereceram-lhe café ralo, adocicado. Ele bebeu, passou a caneca a Sara e às crianças..."

No decorrer do dia, nada de trens, os funcionários da Estação voltaram com intérpretes e nada de descobrir quem eram, para onde iam. O Turco que foi trazido, como o maior conhecedor de línguas e dialetos nada conseguia. "...Impossível. Algumas palavras parecem levar o turco a alguma pista, mas em vão. Lá fora, os peões preparam-se para sair. Um deles atravessa a estação e vê Samuel e Sara. E repete o ritual da manhã:

- Ei, Samuel, Sara...

Esses nomes são as pistas definitivas que o Turco precisava:

- Senhorr. Este de raça pior do mundo. Este pior que turco, senhorr. Este judeu!

"Judeu? Então é judeu... Mas como diabo veio parar aqui com esses documentos italianos? - Judeu, senhorr! Garante a senhorr! Manda chamar Levi, é raça de Levi."

Sebastião Levi era relojoeiro. Fácil resolver o mistério. Uma tipografia? E Samuel Cohen foi informado pelo diligente Levi que ele poderia se estabelecer numa casinha na rua do Sapo. A cidade precisava mesmo de um novo tipógrafo...

*Quando o nosso bisavô e familiares chegaram ao Porto de Gênova ficaram lá junto a multidão de emigrantes, que era um verdadeiro formigueiro. O porto não estava preparado para tamanha aglomeração, haja visto que a única estrutura decente do porto era o local onde realizavam os exames de higiene e saúde. Feito isso, permaneciam no cais esperando o embarque.

Essa massa da emigração causou um impacto não somente na cidade de Gênova, mas em toda a Itália. O emigrante não tinha nenhum amparo do governo, e isso foi como um alerta às autoridades, que, só em 1901, estabeleceram normas e diretrizes a serem obedecidas pelas companhias de navegação e pelas autoridades ligadas à emigração.

PORTO DE SANTOS

Em uma Certidão de Desembarque fornecida pelo Governo do Estado de São Paulo e emitida pelo Museu da Imigração, em 2002, constam o nome do navio que trouxe a família Marcon até o Porto de Santos e quais os componentes familiares que estavam nele. Mencionam-se, ainda, a religião católica e a nacionalidade italiana. O navio registrado no documento é o San Martino (mais adiante, no capítulo referente ao navio, veremos que o nome correto é San Martin e não San Martino) – que de fato trouxe a família Marcon ao Brasil. Fico pensando, essa troca de nome como os cartórios tanto lá como os de cá, confiando mais nas palavras e até nos apelidos.

Figura 6 – Certidão de Desembarque

Fonte: Museu da Imigração São Paulo

As passagens concedidas pelo governo brasileiro eram todas de 3ª classe, isso quer dizer que as pessoas viajavam nos porões dos navios. Lugar de pouca ventilação, escuro, úmido, superlotado. Fico aqui imaginando o apuro de ir ao banheiro, que, com o passar dos dias, devia ser uma imundice. Eu visualizo isso!

A primeira vez que fui pescar em alto mar, fiquei muito enjoado e vomitei. E foi só uma noite no mar. A viagem para atravessar o Atlântico demorou 27 dias, do Porto de Gênova ao Porto de Santos. O desembarque em Santos foi no dia 1º de março de 1888 (o mês de fevereiro teve 29 dias), data que consta no carimbo/visto da Polícia do Porto de Santos no verso do passaporte. É o carimbo de entrada no país. Bem-vindos ao Brasil!

Há outro carimbo interessante emitido pelo Serviço de Imigração, que deve envolver a parte financeira da passagem em que a companhia do navio San Martin é reembolsada. Nele constam: o pagamento do auxílio provincial pela "Sociedade Promotora de Immigração" para indenização da passagem, conforme contrato de 22 de julho de 1887, a data de São Paulo 1º de março de 1888 e uma assinatura não legível.

Dois meses depois, em 13 de maio de 1888, a Princesa Isabel assinou a Lei Áurea, acabando com a escravidão no Brasil.

Figura 7 – Alimento para o pensamento. Escultura na Praça São Pedro (Vaticano) de um barco carregado de refugiados e migrantes

Fonte: o autor

De Santos vieram a São Paulo, onde ficaram na Hospedaria Imigrante, no Brás, por três dias. No livro da hospedaria, estão registrados erroneamente com o sobrenome "Marion", conforme consta no livro 9, na página 13. Lembro que, quando fiz essa pesquisa, quebrei a cabeça para chegar nessa dedução, uma letrinha muda tudo.

Pasquale Abramo (que hoje é nome de rua em Tietê), muito amigo e companheiro de Giuseppe Marcon, nosso avô, relata que "no dia 4 de fevereiro de 1888 embarcaram no navio San Martino". Aqui tenho que fazer duas considerações. Em primeiro lugar, vejo controvérsias quanto a essa data do dia 4 relatada pelo Pasquale, pois o dia de partida da linha da empresa de navegação é o dia 7, conforme documentação que recebi da França. Mas, como as companhias de navegação enchiam rapidamente seus navios, a data pode ter sido antecipada, aí o Abramo Pasquale pode ter razão. Com o mês de fevereiro tendo 29 dias,

> Desembarcaram no Porto de Santos no dia 1º de março de 1888. De Santos vieram para São Paulo, onde ficaram hospedados por 3 dias. Seguiram para Tietê, por via férrea (antigamente Cerquilho era Tietê também) de lá, foram em carro de boi para a fazenda Sampaio, no bairro Pederneiras (bairro de Tietê acesso pela estrada de Piracicaba, passa a ponte do rio Capivari), um percurso de 20 km em 8 horas. Passados 2 anos, em 1890, seguiram para a Fazenda Indalécio.

Segundo relato de Leda Coelho de Oliveira Batistuzzo,

> O Indalécio, dono da fazenda, sofreu a perda de uma vista quando abanava café. Fez tratamento em Campinas e soube da possibilidade de perder também a outra vista. Aí, então fez promessa a Santa Luzia, invocada como protetora dos olhos, e não só conservou a vista sã, como voltou a enxergar com a doente e diariamente rezava o terço em companhia do pessoal da fazenda e dos vizinhos. No local há uma capela com o nome de Santa Luzia. Pertence à Tietê e é mais uma capela que foi construída e administrada pelos imigrantes italianos. ([19-], p. 158-159).

De acordo com Myriam Ellis, citando Jorge de Andrade em "Os ossos do Barão":

> Questa terra fez brotar o amore... e amei sua gente! Má nunca fui turista, senhor baron! Isto no! Não tive tempo de namorar a paisagem, perche vivia com os olhos no cabo da enxada ou dentro daquela peneira. E foi assim, com um lavoro honesto! ... Honestíssimo! ... que ajuntei suas terras e enchi de plantaçon! O cafezal agonizava! Má... eu sabia perche! Lavorava dentro

dele! Eu dizia: má a chuva não para dentro deste cafezal! Má come pode ser! Come uma árvore pode viver e produzir... morrendo de sede?! Prendi a chuva no cafezal, senhor baron! Eu dizia: má questo café está vechio! Má come pode ser! Come uma cosa vecchia pode dar dei fruti?! Replantei seu cafezal, senhor barón! Eu diza: má questa terra está faminta! Adubei seu cafezal, senhor baron! Lavorei próprio como comanda la sciência! e o café virou um belíssimo jardino! E sua fazenda voltou a viver... e sem sede, sem fame...e jovene! Jovene! Deu tudo o que podia dar: café, mantimento, tecelagens, fiaçon, refinaçon e tanta cosa senhor baron! Tanta cosa! Olha a sua família, senhor baron! Olha! Somos tutti contente! Perche oggi é um dia de grande alegria (profundamente comovido, pega a criança e vai se postar diante do quadro). Para questo bambino – tuo e mio – ho lavorato! Ho lavorato come um desgrazziato! O senhor me deu tudo...! (Ergue a criança). E assim, como diz tão bem o velho imigrante da peça "Os Ossos do Barão", o italiano deu sua vida pelo cafezal [...] (ANDRADE, 1964 *apud* ELLIS, 1977, p. 153-154).

FAMÍLIA

Luigi Marcon, o "capo famiglia", e seus descendentes

O nosso bisavô **Luigi Marcon** faleceu aos 50 anos, em 19 de março de 1890, conforme pesquisa feita no arquivo histórico de Tietê (livro n.º 1, registrado sob n.º 1476).

Essa pesquisa não foi fácil. Fui ao Cartório de Tietê, não achei nada, pois o início do cartório se deu por volta de junho de 1890. Fui a Sorocaba, na diocese, procurar informações nos seus arquivos, e nada também. Pesquisei na Paróquia de Tietê, no livro n.º 3 de óbitos de 1884 a 1892 e no livro n.º 7 de 1888 em diante, olhei três vezes, e nada. Observei que os registros dos óbitos eram, em sua maioria, de crianças. Fui ao cemitério de Tietê, e nada.

Tinha uma noção de que o capo, bisavô ou *bisnonno* tinha falecido em 1890, porque vi, nos documentos de casamento de Maria Marcon, datados em 20 de abril de 1891, que Ângela Ghirardi Marcon declara ser viúva de Luigi Marcon há mais de um ano na cidade de Tietê.

Contei esse fato ao pessoal que teve contato com os meus familiares, e eles me alertaram sobre o seu apelido, Borson. Voltei a Tietê e achei o que tanto procurava no livro n.º 1 do arquivo histórico: Luigi Borson, que faleceu deixando viúva Ângela Borson. Pelo visto não se checavam documentos e confiavam no que falavam. O casamento se deu no ano de 1864 em Treviso, Itália.

Por carta, em 28 de agosto de 2002, obtive informações da paróquia da comune de Lutrano di Fontanelle, região de Vêneto, de que o Luigi nasceu em 17 de agosto de 1839 e foi batizado em 18 de agosto de 1839. Nossa, os italianos eram muito católicos, já batizaram o Luigi no dia seguinte ao do nascimento.

Luigi era filho de Luigi Marcon e Maria Feltrin, nossos trisavós, ou terceiros avôs, que se casaram em 26 de novembro de 1827, na comune de Lutrano di Fontanelle. O capo era filho de Luigi Marcon e Maria Feltrin e, segundo informações da paróquia, o casamento deles se deu em 26.11.1827 na Comune de Lutrano di Fonatanelle. Mais sobre o Luigi: DN 20.07.1804 em Oderzo e DO 08.08,1858 em Lutrano di Fontanelle.

Aí foi o máximo que consegui. Ainda vou pesquisar sobre os nossos tataravôs e chegar nos anos de 1700, século XVIII.

Luigi conheceu Ângela Ghirardi em Mansuè, região de Vêneto. O casamento se deu no ano de 1864, ele com 25 anos e ela com 22 anos (era de 1842). Os pais da Ângela Ghirardi, que eram os nossos trisavós, eram o Giuseppe e a Anna Girardi (não consegui encontrar o nome de solteira dela).

Dessa célula familiar, tiveram quatro filhos, o primogênito foi batizado também com o nome de Luigi Marcon (1864) e o caçula, de Giuseppe Marcon (1876), que veio a ser o nosso avô. Os filhos do meio são as meninas Anna Marcon (1870) e Maria Marcon (1874).

A nossa família gostava do nome Luigi, que vem vindo de geração em geração até o nosso avô, que deu o nome de um de seus filhos de Luiz.

Eram tempos difíceis, e o capo tomou a decisão de emigrar para o Brasil e fez um contrato com o Serviço de Imigração em 22 de julho de 1887. Mas ele só conseguiu tirar o passaporte em Mansuè (Itália) em 18 de janeiro de 1888.

Figura 8 – Passaporte italiano

Fonte: Prefeito de Mansuè em nome do Ministro das Relações Exteriores

No passaporte do capo, consta o nome dele, de sua mulher, Ângela Ghirardi (46 anos), e dos três filhos menores de 24 anos: Anna (18), Maria (14) e Giuseppe (12).

LUIGI, o filho primogênito, o que sabemos dele é pouca coisa, mas o que temos são relatos preciosos.

Dizem que vemos todos os parentes em velório, concordo! Por ocasião do velório do meu irmão Sérgio Antônio Marcon, tive o prazer de conhecer os primos Celso e Sérgio Marcon Simão, filhos da tia Carolina Marcon e do tio Eugênio Simão. Era o dia 16 de abril de 2002. Vejam o ano, 2002, quer dizer não é de hoje que estou em busca do passado.

Vejamos os relatos deles, que lhes foram transmitidos por seus pais, nossos tios.

Disseram-me que Luigi era solteirão e tinha fama de ter muito dinheiro. Vivia com o Beppe Borson e a Marieta (nossos avós) em um sítio na entrada de Cerquilho/Boituva, onde fica hoje o cemitério novo. Tinham uma plantação de café muito bonita.

Houve um assalto. Ladrões entraram na casa, amordaçaram a Marieta e escutaram um barulho no cafezal. Foram para lá e encontraram o Luigi, que deve ter tentado reagir, pois o mataram com um cabo de enxada e encheram a sua boca de terra. Machucaram o Beppe Borson, aliás, Giuseppe Marcon, que depois disso sempre mancou. Os assaltantes devem ter fugido por causa do que aconteceu, pois até esqueceram a lata cheia de "soldi", dinheiro, em cima da cama.

Quando do casamento do Beppe e da Marieta, nossos avós, Luigi tinha 38 anos. A data precisa do óbito não consegui.

ANNA, chamavam-na carinhosamente de Anneta ou Neta, casou-se com Domenico Modanezi, com quem teve sete filhos. João, o primogênito, nasceu em 1897, mas faleceu em 20 de março de 1919, com 22 anos. Quando estava nos preparativos para o seu casamento, foi assassinado andando a cavalo, dizem que foi por ciúmes. Os outros filhos eram o José, a Cândida, a Maria, a Carolina, a Rosa e a Angelina.

Conversei muito com o Bepim Pascoli, já falecido, que era filho da Angelina com o primeiro marido, Piero Pascoli, e neto de Anna.

Ele se lembrava muito bem dos irmãos de sua vó, a Anna: A Neta, a Marieta e o Beppe. Perguntei do Luigi, não tinha lembrança.

Depois da morte do João, quem também foi assassinado foi o seu Domenico, em 1926. Morreu junto a um pé de café. Os assassinos amordaçaram a Anna e roubaram dinheiro e joias que estavam guardados numa lata em sua casa.

A Anna nasceu em 20 de agosto de 1870 e faleceu em 2 de setembro de 1936 – 66 anos.

O Domenico nasceu em 1869 e faleceu em 4 de março de 1926 – 57 anos.

MARIA casou-se com Ansano Giovanetti em 16 de maio de 1891 (ele com 27 e ela com 18 anos), e juntos tiveram cinco filhos:

A Magdalena, que se casou com Ângelo Ruy;

O Benedecto, cujo nome da esposa não consegui, mas que teve os filhos: Pedro, Lourenço, João (dois filhos, José Antonio (padre) e Hugo Ademir), Valdemar, Maria (mora em Nova Odessa), Anezia, Tereza, Mide e a Lena (casada com Ademar Rosa de Tatui);

O Luis, que se casou com Regina Bertanha e com ela teve seis filhos: Ansano, Nelson, a Argentina (que era minha sogra, mãe da minha esposa, Sônia), a Jenica, a Gicelda, a Aracy (faleceu moça) e o Walter, que é filho com a segunda mulher, a Adelaide,

a Rosa e a Angelina.

Marieta nasceu em 31 de agosto de 1874 e faleceu em 4 de agosto de 1943, aos 69 anos.

Ansano nasceu em 1865 e faleceu em 15 de fevereiro de 1929, aos 64 anos.

Ambos estão enterrados em Tietê.

Pelas minhas contas, a Marieta casou-se com 17 anos, e não 18 – como consta no registro de casamento. Mistérios e segredos de uma época…

Giuseppe Marcon

Marcon Giuseppe, nome mais tarde abrasileirado para José Marcon, nasceu em Treviso, província de Treviso, região de Vêneto, na Itália, em 2 de setembro de 1876. Seus pais eram o Luigi Marcon e a Ângela Ghirardi (nossos bisavós). Viveu na Itália até os 12 anos, apesar de menor, trabalhava como viticultor até o ano de 1888, quando veio para o Brasil com seus pais e irmãos: Luigi (24), Anna (18) e Maria (14).

GIUSEPPE, o caçula, era o nosso avô. Marcon Giuseppe, nome abrasileirado para José Marcon, nasceu em Treviso em 02.09.1876. Viveu na Itália até os 12 anos, quando no ano de 1888 veio ao Brasil com seus pais e irmãos. Giuseppe, o caçula, era o nosso avô. Quando nasceu, foi batizado em Treviso como Giuseppe BoRson, porque o nosso bisavô tinha o apelido de BoLson (que em italiano o "L" tem a pronuncia de "R") Ficando como BoRson. Coisas de cartório de antigamente.

Era chamado pelos parentes de tio Tutti (ele falava muito tutti, tutti e aí colou). E conhecido como Beppe pelo povo. O que se destacava nele era ele ser manco. Casou-se com Maria Mescolotto (Marieta) em 22 de novembro de 1902. Tiveram os filhos: o Luiz (1907), casado com Paula Coan, o Ângelo (1909), solteiro, a Virgínia (1911), casada com Francisco Grando, o Pedro (1914), casado com Assunta Grando, o João (18 de setembro de 1915), que é meu pai, casado com Rosalina Betti (6 de setembro de 1921), o José (1918), casado com Nadir dos Santos, e a Carolina (1920), casada com Eugênio Simão.

Giuseppe faleceu aos 65 anos em 1º de fevereiro de 1941.

Fotografia 2 – Giuseppe Marcon

Fonte: o autor

Maria Mescolotto (Marieta), nossa avó, nasceu em 1882 na Itália e faleceu em 1948, aos 66 anos.

Vó Marieta, eu não tinha ainda 2 anos de idade, vinha nos visitar em Boituva, e lembro-me das balas que trazia para mim e meus irmãos. Usava sempre vestido na cor negra, ficou viúva por 7 anos.

No registro de casamento, consta que ela era analfabeta, pois o oficial de registro civil escrevia a rogo de Maria Mescolotto por ela não saber ler. Já o Giuseppe escrevia bem. A mesma coisa o pai da Maria, Ângelo Mescolotto: sabia escrever. Já a mãe de Maria, Maria Bottan, também não escrevia (as mulheres realmente não tinham vez, época difícil). Outro detalhe que me chamou a atenção nos "Autos de casamento de Giuseppe Marcon e Maria Mescolotto feito pelo Juízo de Casamento de Tietê" foi a autorização de casamento por parte dos pais de Maria pelo fato de ela ter 20 anos.

Fiz uma entrevista, em 22 de agosto de 2002, com Luis Moreschi (Caldana), o qual conta que:

Ele conviveu com a família do Beppe Borson porque eram vizinhos. O Beppe era manco porque foi assaltado no cafezal. Falou para os ladrões que não tinha dinheiro, aí deram uma tunda de pau que deve ter quebrado sua perna, pois nunca mais andou direito.

O Beppe frequentava muito a missa. Era um grande fã do Getúlio Vargas e, nos tempos de política, o Beppe subia numa cadeira e falava em Getúlio, na cavalaria.

E, segundo o depoimento do Luis Moreschi, o meu pai, Joanin, foi seu padrinho de casamento e batizou a sua filha mais velha, a Maria.

Em outro depoimento, agora de Angelin Urso, em 4 de setembro de 2002, soube:

Que ele, o Angelin, tinha padaria em Cerquilho e naquela época só tinha duas ruas. A casa dos Marcon ficava no meio do quarteirão da Rua Dr. Campos.

Que o Beppe Marcon gostava muito de prever se ia chover ou não, morava no sítio na entrada da cidade de Cerquilho vindo de Boituva. Hoje virou tudo cidade. Ele comprava bezerro ou gado, pois negociava boi, e aí quando iam vender chamavam Angelin para orientações.

Que no Mato Dentro moravam os Bette, e papai ia sempre lá, namorar a Rosalina Bette.

Falou do comércio do Tio Luís e do táxi do Tio Bepin (queixo).

Hoje virou tudo cidade.

Nossa bisavó, Ângela Ghirardi Marcon, viúva de Luigi Marcon, vivia com o seu filho Giuseppe e faleceu aos 69 anos, em 9 de julho de 1912.

Luiz Marcon

1 – **Luiz Marcon** nasceu em 1907 e faleceu em 29 de setembro de 1968, aos 62 anos, de morte por acidente de trânsito. Casou-se com Paulina Coan, que era de Porto Feliz, e tiveram dois filhos, Durval Marcon e Darci Marcon. Eles eram comerciantes, e a loja da tia Paula ficava bem no centro de Cerquilho. Após o falecimento deles quem ficou com a loja foi o Darci. Enquanto o tio Luiz e a tia Paula estavam vivos, a Diva Brandolize morou com eles. A família Brandolize era muito próxima da família Marcon.

Fotografia 3 – Luiz Marcon e família

Na foto vemos o Luiz Marcon, a Paulina Coan Marcon, o Durval e o Darci.
Fonte: o autor

Ângelo Marcon

2 – Ângelo **Marcon** nasceu em 18 de agosto de 1909 e faleceu em 24 de setembro de 1994. Era solteiro. A minha sogra (Argentina) sempre me falava que ele gostava muito dela, mas antigamente não funcionava assim, tinha e muito um certo direcionamento dos pais. A minha sogra acabou se casando com o meu sogro (Pedro), só sei que o meu tio se fechou em sua solteirice, não quis mais saber de casar e se dedicou muito ao trabalho.

Ele era um excelente barbeiro, tinha até alguns prêmios e realizou muitos cursos com famosos da época. A sua clientela era muito grande em São Paulo. A barbearia dele era num salão ao lado da estação de metrô São Bento. Pelo menos duas vezes por mês vinha a Boituva de trem para matar a saudade dos seus irmãos, o João e o Pedro, e dos sobrinhos.

Fotografia 4 – Ângelo Marcon

Fonte: o autor

Fotografia 5 – Barbearia do Ângelo Marcon

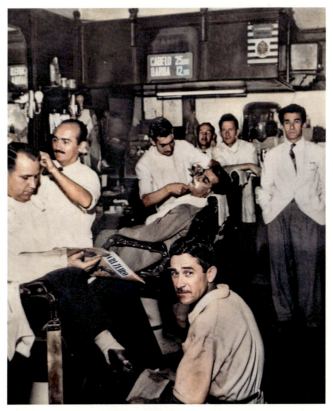

Fonte: o autor

Foto do ambiente de trabalho do tio Ângelo: barbearia, na praça São Bento, em São Paulo. Ele de *blazer* branco e gravata, sempre elegante.

O comentário era um só entre todos os parentes, o tio Ângelo era o mais elegante de todos. Sempre elegante e gentil, mas muito exigente nas suas escolhas.

Mas tinha uma coisa de que não gostavam nele, e era algo incorrigível. Tinha o hábito de contar vantagens em relação aos colegas da barbearia. Tipo assim, faturava mais do que qualquer um de lá. Era o melhor barbeiro. E falava alto, eu quando ia lá ficava até com vergonha, pois os outros colegas disfarçavam e abaixavam a cabeça. Mas, cá entre nós, ele era o melhor mesmo, era muito bom. Só não precisava ficar falando. Acho mais elegante se o elogio saísse da boca dos outros do que dele próprio.

Virgínia Marcon

Virgínia Marcon nasceu em 1911 e casou-se com Francisco Grando, com quem morava em Cerquilho.

Fotografia 6 – Virgínia e Francisco Grando

Fonte: o autor

Fotografia 7 – As irmãs Virginia e Carolina Marcon com a família Brandolize

Na foto acima, da esquerda para a direita: o Bê Brandolize, a Angelina Brandolize, a Virgínia Marcon Grando, uma moça de cabelos cacheados que não identificamos (mas cá entre nós, muito bonita, hein), a Carolina Marcon Simão e a Elisema Brandolize.

Fonte: o autor

Virgínia e Francisco tiveram quatro filhos:

1 – Anelis Marcon Grando

2 – Tarcilo Marcon Grando

3 – Dorival Marcon Grando

4 – Fernando Marcon Grando

1 – Anelis Grando (10 de junho de 1932) era casada com Narciso de Nadai (5 de fevereiro de 1934). Tiveram dois filhos:

1.1 – Marco Grando de Nadai (18 de setembro de 1964), casado com Nair Benedita Marques Trujillo

1.1.1 – Marina Marques de Nadai

1.1.2 – Marco Antonio Marques de Nadai Filho

1.2 – Marli de Nadai (28 de setembro de 1967), casada com Mario Carlos Sicari

1.2.1 – Danilo de Nadai Sicari

1.2.2 – Anne Lise de Nadai Sicari (casada e mora nos Estados Unidos)

2 – Tarcilo Marcon Grando, já falecido, era casado com Ermelinda Grando. Tiveram três filhos:

2.1 – Aldo Grando

2.2 – Douglas Grando

2.3 – Adriana Grando

* Não consegui entrar em contato para obter mais informações.

3 – Dorival José Grando nasceu em 16 de novembro de 1940 e faleceu em 21 de fevereiro de 1993. Era casado com Jandira Giangiácomo Grando (13 de julho de 1941), com quem teve três filhos:

3.1 – Alexandre Grando (1969), casado com Sandra Regina Pizzol (1965)

3.1.1 – Henrique Pizzol Grando (1995)

3.1.2 – Gabriela Pizzol Grando (1998)

3.2 – Rodrigo Grando (1971), casado com Adriana Paludetto (1975)

3.2.1 – Gustavo Paludetto Grando (2004)

3.2.2 – Danilo Paludetto Grando (2006)

3.3 – Luciana Grando (1973), casada com Reinaldo Módolo (1981)

3.3.1 – Beatriz Grando Módolo (2010)

* informações fornecidas pelo Alexandre Grando.

4 – Fernando Marcon Grando, também já falecido, era casado com Vanda Grando. Tiveram dois filhos:

4.1 – Sandra Grando

4.2 – Michele Grando

* * Não consegui entrar em contato para obter mais informações.

Pedro Marcon

4 – **Pedro Marcon** nasceu em 20 de setembro de 1914 e faleceu em 26 de fevereiro de 1970. Casou-se com Assunta Grando e era ferroviário, trabalhava no depósito da Estação Ferroviária, enquanto a sua esposa tinha um pequeno comércio no centro de Boituva. O tio Pedro era muito brincalhão e tinha o hábito de fazer cócegas nas pessoas, isso era marcante nele. Além de ser rigoroso na educação dos filhos.

Quando os meus pais faleceram, eu tinha os meus 17 anos, e quem ficou de tutor foi o meu tio Pedro até que eu completasse a maioridade, até um pouco disso ele me acompanhou.

Apesar de austero na formação de seus filhos, comigo ele teve muita compreensão, nunca me repreendeu, mas sentia a sua presença e o seu carinho nas cócegas que me fazia. Uma imagem que ficou gravada em mim: quando eu quis ir para a Bolívia, em julho de 1969, com o amigo Wilson, ele não se opôs. Um mês depois, quando retornei a Boituva, a primeira pessoa que vi e estava me esperando era ele. E me abraçou. Essa imagem não me sai da cabeça.

Outro assunto que quero relatar aqui é um pedido de desculpas públicas aos seus filhos.

Quando a Dona Assunta Grando Marcon completou 90 anos, seus filhos resolveram homenageá-la num grande evento realizado em Rio Claro (SP), em 16 de junho de 2007.

Na época, não pude ir, tinha alguns compromissos com uma entidade que frequentava. Aliás, não só nesse evento, mas em muitas atividades familiares que fui me afastando, me desligando. Ah, se pudesse voltar no tempo... nunca ia deixar de ir a uma baita festa dessas!

Uma grande parte da Marconzada reunida! Uma grande festa em torno de uma grande mulher!

Vejamos um relato de Terezinha Holtz, que viveu próximo à família do Pedro Marcon:

Pedro e Assunta, meus tios, ela irmã de minha mãe. Ele era ferroviário e trabalhava na Estação de Ferro da Sorocabana em Boituva. Foi telegrafista e aposentou como conferente para embarcação das mercadorias no trem da Sorocabana. Antes, em Anísio de Moraes, carregava os vagões de trem com lenha. Tio Pedro primeiro foi mascate, percorria a região vendendo de porta em porta, daí vem sua veia para o comércio que fez com que abrisse uma loja na cidade de Boituva, incentivado pelo seu irmão João Marcon.

Ela, Assunta, tocava e administrava o comércio do casal. A loja da Dona Assunta, como era conhecida, era uma das maiores e mais completas da cidade, vendia de tudo um pouco.

Moravam na rua principal, lado oposto do cinema da cidade, ponto privilegiado. Casa nos fundos e comércio na frente.

Pedro Marcon era homem de poucas palavras, sério, mas de muita generosidade. Assunta era mulher de voz doce e tinha sorriso de menina.

Casal de quatro filhos, três homens e uma mulher: Adistão, Guaracy, Mauro e Edna.

Os fins de semana eram quase uma festa na casa de meus tios, os filhos vinham e, com eles, quando casados, suas esposas e, mais tarde, os netos.

Como bom italiano, no fim da tarde, tinha sopa para o jantar, tio Pedro regava seu prato de sopa com um pouco de vinho tinto.

Apesar de toda discrição que o casal nutria no dia a dia, eles eram extremamente afetuosos um com o outro. Lembro-me de um dia pegar os dois se beijando no meio da sala. Olharam para mim assustados, sorriram, e cada um tomou seu rumo.

Eu tinha 11 anos quando fui morar com meus tios, passei parte da minha infância, da adolescência e um pouco da juventude com eles. Quando eu resolvia não sair com as amigas no fim de semana, eles ficavam preocupados e perguntavam se eu precisava de algo: roupa, sapato ou dinheiro para ir ao cinema.

Hoje tudo já é quase memória.

Terezinha Holtz, formada em geografia, com especialização em saúde pública na USP e na Unicamp, foi secretária da saúde em Rio Claro (SP).

Fotografia 8 – Ângelo e Pedro Marcon

Ângelo Marcon, o primeiro à esquerda, Pedro Marcon, o do meio, e o terceiro não conseguimos reconhecer.

Fonte: o autor

Fotografia 9 – Uma tarde no campo

Da esquerda para a direita Mauro, Assumpta, Pe. Emílio, Edna e Edson

Fonte: o autor

Tio Pedro e tia Assunta tiveram quatro filhos:

1 – **Adistão** Marcon

2 – **Guaracy** Marcon

3 – **Mauro** Marcon

4 – **Edna** Marcon

1 – Adistão Marcon nasceu em 12 de dezembro de 1939 e faleceu em 13 de outubro de 2008. Em 3 de fevereiro de 1963, casou-se com Maria Isabel Peres (14 de agosto de 1940). Ele era professor de geografia e ela, de matemática. Ambos gostavam da arte de ensinar. Cheguei a ter aulas com o Adistão na faculdade de administração em Sorocaba. Pelo tom de sua voz, gostava da arte de ensinar.

Em Boituva, foi homenageado com a atribuição de seu nome a uma rua.

No câmpus de Rio Claro da Unesp, o salão nobre do anfiteatro ganhou o nome de "Professor Doutor Adistão Marcon".

Quando ele faleceu, a notícia saiu em primeira página no jornal Cidade de Rio Claro, na edição do dia 14 de janeiro de 2008: "Adistão Marcon, prof. Aposentado da Unesp/Rio Claro, faleceu ontem em São Miguel do Araguaia, cidade a 474 km de Goiânia. Estava pescando....".

1.1 – Solange Marcon (29 de janeiro de 1964) casou-se com Marcos Antônio Lopes (31 de dezembro de 1957) em 15 de setembro de 1990.

1.1.1 – Kaique Marcon Lopes (14 de fevereiro de 1991)

1.1.2 – Cauê Marcon Lopes (27 de março de 1997)

1.1.3 – Caroline Marcon Lopes (27 de junho de 1998)

1.2 – Roberto Marcon (1º de abril de 1965) era casado com Valdeci Favero (08 de janeiro de 1964). Tiveram duas filhas:

1.2.1 – Ângela Favero Marcon (11 de novembro de 1997)

1.2.2 – Samantha Favero Marcon (23 de outubro de 1999)

1.3 – Ricardo Marcon (24 de janeiro de 1967) casou-se com Deise Maegava (12 de fevereiro de 1962) em 15 de novembro de 1997.

"Não temos filhos, só os de quatro patas, precisa dos dados? Kkk"

2 – Guaracy Marcon (1º de junho de 1938) casou-se com Deolinda Godoy. Moram em São Paulo. Ele trabalhou no Senac durante 20 anos. Quando saiu, era assessor com a função de diretor de centro de formação profissional.

2.1 – Wagner Marcon (25 de junho de 1964), casado com Lilian Iara Donat

2.1.1 – Cecilia Marcon (23 de março de 2015)

2.2 – Adriana Marcon (7 de julho de 1970)

3 – Mauro Marcon (17 de setembro de 1941) casou-se com Maria Alair Gaiotto (1º de maio de 1945) em 19 de junho de 1966. Trabalhou no Senai, foi professor, supervisor de ensino, assessor do diretor da educação, diretor de escola. Passou por diversas unidades do Senai: na central da Paulista, no Ipiranga e em São Caetano. Sua esposa, Alair, era professora. Ambos são aposentados e residem em Cerquilho. Tiveram quatro filhos:

3.1 – Mauro Marcon Jr. (29 de março de 1967), que se casou com Andreia Araujo (29 de setembro de 1974) em 29 de setembro de 2001.

3.1.1 – Julia Araujo Marcon (31 de agosto de 2004)

3.1.2 – Vinicius Araujo Marcon (15 de dezembro de 2008)

3.2 – Marcelo Marcon (23 de janeiro de 1968), que se casou com Silvia Regina da Costa Santos (09 de julho de 1970) em 08 de julho de 1995.

3.2.1 – Vanessa dos Santos Marcon (27/09/1996)

3.2.2 – Marina dos Santos Marcon (18/04/1998)

3.3 – Monica Marcon Braga (21 de novembro de 1970), que se casou com Luís Fernando Braga (26 de maio de 1967) em 13 de novembro de 2010.

3.3.1 – Felipe Marcon Braga (1º de julho de 1996)

3.3.2 – Ângelo Marcon Braga (7 de junho de 2002)

3.4 – Mauricio Marcon (7 de dezembro de 1979)

4 – Edna Marcon (14 de dezembro de 1947), em 3 de janeiro de 1970, casou-se com Edson Luiz de Oliveira Rosa (16 de outubro de 1944 - 13 de outubro de 2008). Lembro-me da Edna, que foi inspiração para minha esposa, Sônia, fazer o curso de Ciências Biológicas. A Edna lecionava Biologia, hoje está aposentada, mas era muito inteligente e querida por seus alunos.

Seu marido, Edson (apelido Teco), trabalhava como topógrafo numa grande empresa de construção de rodovias e tinha uma posição de destaque nela. Trabalhou também na Rodovia Castelo Branco, que mudou a cara de Boituva. Faleceu num acidente no rio, pescando com seu cunhado Adistão Marcon em São Miguel do Araguaia.

4.1 – Eduardo de Oliveira Rosa (19 de novembro de 1970) casou-se com Karin Gabriel Heberlein (23 de agosto de 1971) em 21 de setembro de 1998. Vivem em Zurique, na parte alemã da Suíça, país onde nasceram seus três filhos:

4.1.1 – Madalena de Oliveira Rosa (19 de julho de 2004)

4.1.2 – Iara Catarina de Oliveira Rosa (19 de julho de 2004)

4.1.3 – Caio de Oliveira Rosa (2 de novembro de 2006)

4.2 – Edegar de Oliveira Rosa (15 de setembro de 1973) vive em Brasília junto com o filho:

4.2.1 – Gabriel Valenzuela de Oliveira Rosa (29 de janeiro de 2003)

4.3 – Erica de Oliveira Rosa (13 de maio de 1983) é casada com Gerson de Oliveira Dias (3 de novembro de 1977), e eles vivem em São Paulo.

4.3.1 – Carina de Oliveira Rosa (26 de setembro de 2017)

João Marcon

João Marcon era um filho do meio, nem primogênito, nem caçula, e nasceu em Cerquilho. Casou-se com **Rosalina Betti** em 3 de fevereiro de 1940, ele com 25 e ela com 19 anos.

Cursou o primário em Cerquilho e era bom em conta. Trabalhou na roça e era carpinteiro. Morava na cidade, na Rua Dr. Campos, n.º 37.

Segundo um relato do Ângelo Giovanetti (82) e do seu filho Pe. José Giovanetti (54) para a minha sogra, Argentina Giovanetti, em 20 de agosto de 2002, aqui em Boituva, e eu testemunhei esse encontro: ele jogava bola com o Russinho no bairro do Mato Dentro. O Russinho ia lá namorar a Rosa, então eles aproveitavam para jogar futebol. Ele conta que chegou a ganhar um calção de papai. Várias vezes chegou a dormir na casa de papai, com o meu avô, Beppe. Como meu avô mancava, ele falava que ele tinha uma perna mais curta que a outra.

O missionário redentorista padre José Antonio Dal Bó Giovannetti, que estava atuando em Tietê (SP), no Seminário Santa Teresinha, assumiu, em 9 de fevereiro de 2015, a Paróquia Nossa Senhora da Conceição Aparecida, que tem por sede a Matriz Basílica de Aparecida, a primeira igreja a abrigar a Imagem da Padroeira do Brasil.

Meus pais, após o casamento, mudaram-se para Boituva, uma cidade que no entendimento deles já era vibrante. O início foi muito duro, e eles eram muito econômicos, inteligentes e tinham coragem... o que poderia resultar disso? É uma fórmula do sucesso.

Começou como tintureiro, depois atuou como reformador de chapéu (essa profissão acho que nem existe mais) e aí deu a grande tacada que era o comércio de retalhos. Para uma loja de tecidos, roupas, calçados e miudezas foi um pulinho. O local ficava bem no coração da cidade, na rua Cel. Eugênio Motta, n.º 164. Centro nervoso de Boituva. E de repente era a maior loja da cidade! A propósito, o primeiro sobrado da cidade foi dele, ele não tinha medo, era ousado!

Meus pais não podiam dar outra coisa, a receita era simples, mas fulminante: trabalhadores, econômicos, inteligentes e corajosos. Poderia dar outra coisa? Não, né!

Quanto aos nossos vizinhos, ao lado direito ficava o bar do Vitor Ballarin e ao lado esquerdo, a livraria do Pedro Cinti e a padaria do Albiero.

Era uma coisa de papai, mas ele tinha muita sorte em rifas e sorteios, impressionante!

Possuía um pequeno sítio nos limites da cidade na época, que hoje já faz parte da zona urbana. Para chegar lá, tinha que sair no final da Rua Cel. Eugênio Motta e pegar uma estrada de terra até o sítio. Hoje, tudo está asfaltado. A rua que era de terra se chama Rua João Marcon, onde se encontra instalada uma das maiores metalúrgicas alemãs, a Taunus. De repente, a rua ficou muito conhecida e ganhou destaque na cidade.

Meu pai trabalhava muito, mas seu passatempo era jogar futebol – sempre como atacante – e não deixava de fazer o seu gol, principalmente no jogo de casados x solteiros. Era torcedor do Palmeiras. Os apelidos dele eram Joanim, Russinho e cabelos vermelhos.

Nunca andou armado e também nunca o vi brigar com ninguém.

Dessa união, tiveram cinco filhos, sendo quatro homens: o primogênito Sérgio Antônio, o caçula Celso e os dois do meio, José Carlos e João Carlos, e uma mulher, Maria José, que faleceu com 1 ano de idade.

Dos cinco, só sobrei eu para contar a história, coisa que estou fazendo! Os erros nas narrativas deste livro são todos meus, os acertos são do Universo, que me propiciou essa maravilhosa oportunidade de escrever este lindo livro. Gratidão!

Quando era criança, ouvia dos meus pais que a Maria José era muito linda, tinha os cabelos dourados e cacheados, e que ela morreu de quebranto. Mamãe era muito católica, e não a levou para benzer.

Mas há controvérsias. Segundo a minha cunhada Cida, a Maria José morreu de leucemia.

Meus pais em vida conheceram um neto, o Wellington, filho primogênito do Sérgio e da Cida.

Meu pai, como católico praticante, fazia alguns trabalhos voluntários junto à paróquia. Como gostava de construção, estava lá para o que precisasse. Até lavar a igreja ele fazia. Com seu fusca, levava o Padre Olavo prá cá e prá lá para visitar os bairros e, aos domingos, levava-o a Iperó para celebrar a missa. Fazia parte dos Vicentinos ajudando, e muito, as famílias carentes. Gostava muito das festas da Paróquia, principalmente a de São Roque.

Participação política? Sim, foi vereador na 1.ª Câmara Municipal no período de 1ª de janeiro de 1948 a 31 de dezembro de 1951. Era uma época muito bonita, em que os vereadores não recebiam nada, exerciam o cargo pelo bem do município. A Câmara era composta por 13 vereadores: Alfredo Sartorelli, Domingos Grosso, Enio Marchesine, Gerson Ferriello, João Marcon, José Soares Rosa, Luís José Rosa da Silva Junior, Luiz Grando, Manoel Rodrigues Galvão, Moacir Ferreira da Silva, Moacir Moschioni, Olímpio de Barros e Vitor Clovis Ribeiro.

Tinha o sonho de visitar a Itália, mas não deu tempo. Mas tenho certeza de que ele se sentiu representado por mim em minhas viagens à península. Sua comida preferida era polenta com frango e ele gostava de comprar, no carrinho do Justino, o doce de abóbora em pedaços.

Não tinha tempo de ajudar na cozinha, devido ao comércio, por isso sempre tivemos empregada, a querida Andrelina. O almoço de domingo era sagrado, com toda a família em volta da mesa, e mamãe caprichava nas carnes.

O comércio era a sua vida e ele conversava muito com os fregueses, até demais, no meu entender. E com os filhos era muito rigoroso.

Seu traje era social. Tinha olhos claros, cabelos avermelhados, barba feita e bigode raspado. Usava chapéu e também um Ray-Ban para passeio. Magro, alto, alegre, calmo e brincalhão.

Fotografia 10 – João Marcon

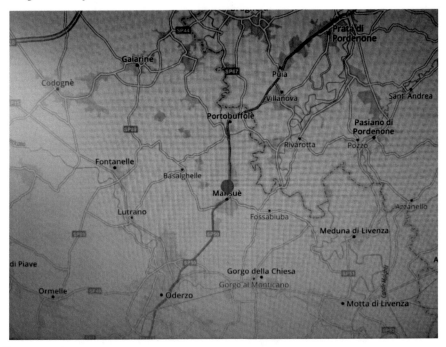

Fonte: o autor

Tinha vários amigos, mas os que mais se sobressaíam em afinidade eram o Antônio Cinto e o Gino Confortini. Sempre me encontro com a filha do Antônio, a Célia, e falamos sobre isso.

Gostava de carros. O primeiro, em 1955, foi um Ford Mercury, ano 1947, preto, oito cilindros, lotação de cinco passageiros. A foto a seguir é de uma visita a Pirapora com toda a família: papai, mamãe, o Sérgio, o Zeca, o Celso e eu. Também estão presentes o nosso primo Mauro Marcon, e tínhamos até um chofer, o Toninho Lopes – aliás, bem a caráter, como exigia a profissão da época: o chofer tinha que usar o quepe terno e gravata. Estávamos em oito, *madre mia!* Naquela época, não deveria ter controle, e isso me fez lembrar esses concursos de quantas pessoas cabem dentro de um fusca, rsrs.

Fotografia 11 – Família do João Marcon em Pirapora do Bom Jesus

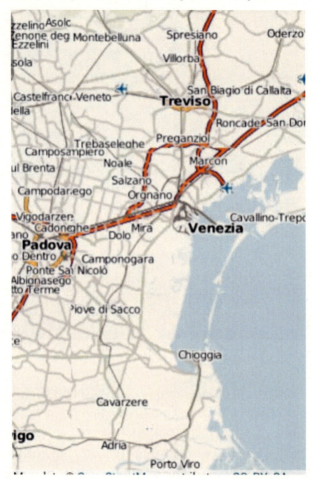

Fonte: o autor

Em 1958, meu pai teve o primeiro fusca da cidade de Boituva: um fusca ano 1951, azul atlântico, uma raridade devido a sua procedência alemã.

Em 1964, comprou outro fusca, dessa vez direto da fábrica, um 0 km 1200, cor cinza, veículo que foi objeto do acidente fatal.

João Marcon nasceu em 18 de setembro de 1915 e faleceu em 2 de fevereiro de 1965, com a esposa, num acidente automobilístico na Rodovia Marechal Rondon, próximo à cidade Tietê. Estavam completando Bodas de Prata.

O velório foi feito em casa logo no dia seguinte. Caixões lado a lado, e o cortejo saiu de casa para a Igreja Matriz de Boituva, onde foi celebrada a missa de corpo presente pelo bispo diocesano de Sorocaba D. José Carlos Aguirre. A missa de 7º dia aconteceu no dia 9 de fevereiro de 1965, e D. Aguirre fez questão de vir de Sorocaba para essa celebração também.

Nossa, com essa deferência do bispo se deslocando de Sorocaba a Boituva, dá para medir o grau de envolvimento dos meus pais com o catolicismo.

Morte dos meus pais (este capítulo é transcrição do meu livro: *Os Caminhos do João*)

Meus pais estavam comemorando as bodas de prata e houve uma comemoração com os parentes no domingo (01/02/1965). O irmão de mamãe residia em Tietê e ela gostava muito dele, mas, como ele não veio na festa por estar muito doente, resolveram na segunda que iriam visitá-lo logo depois de fecharem a loja, isso às 18h00 do dia 2 de fevereiro.

Tudo pronto, banho tomado, comecei uma discussão com o Celso, coisa de irmão, resolvi na hora que não iria mais viajar. Lembro como se fosse hoje quando o Celso entrou no carro, mamãe já estava no banco do passageiro, bati a porta do fusca e fiquei de fora.

Imaginem um fusca do ano na estrada e um caminhão de transporte de boi (Expresso Coqueiro) com um motorista cansado, que invadiu a pista contrária: o choque foi violento. O carro abriu igual uma lata de sardinha da maçaneta para cima. Fico a imaginar que, se eu tivesse ido, o Celso não teria deitado e a tragédia teria sido maior e eu não estaria aqui para contar a história. Foi justo num trecho da rodovia Marechal Rondon que lembra bem um tobogã, "dá um frio na barriga". O local é chamado de São Geraldo, tem uma escola à esquerda.

Meu pai faleceu no local, por volta das 22h e minha mãe às 23h55 já na Santa Casa de Tietê.

O Celso, como estava sozinho no banco de trás, veio deitado e não foi ferido, pelo menos fisicamente (mas sua vida mudou, abandonou o curso de agronomia em Jaboticabal e começou a fumar). Após o acidente, uma escuridão que era um breu, o Celso gritando por socorro e segurando-os um de cada lado. O primeiro veículo a parar foi uma perua Kombi e estavam em dois, o motorista e o Ademar da Volks de Tietê (com 17 anos).

O Ademar me contou, em 2002, que dessa fatalidade meu primo Dorival Grando ficou conhecendo a irmã do Ademar e acabou saindo o casamento dos dois. Pois é, a dança da vida dando o seu *show*.

Outro fato referente ao acidente: minha cunhada, a Cida (esposa do Sérgio), um dia antes chegou a sonhar com o enterro de papai e não deu tempo de contar o sonho.

Os clientes da loja relataram que mamãe sempre dizia que um dia o sangue dela iria se misturar com o dele. Precisamos tomar cuidado com os nossos pensamentos e palavras, pois o nosso cérebro é muito poderoso e responde a tudo.

No dia do sepultamento dos meus pais a cidade parou, os corpos foram velados em casa, um caixão ao lado do outro, imagem muito forte. Houve a missa de corpo presente na igreja matriz de Boituva e quem celebrou foi o bispo de Sorocaba. Meus pais eram muito católicos e atuantes nas atividades da igreja, além de vicentinos, faziam questão de levar o padre de carro em atividades sacerdotais.

Lembro-me de uma viagem que fizemos a Brasília e na volta passamos pelo Rio de Janeiro, de fusca. Meu pai, o Mauro Marcon, o Padre Olavo e eu. Início dos anos 60.

Há uma rua em Boituva em homenagem ao meu pai: Rua João Marcon. Quando deram o nome dessa rua na verdade era uma estrada rural, tinha uma ou duas casas. De repente instalou-se uma multinacional alemã na rua, com os lotes vazios todos construídos, assim, a rua ficou muito conhecida.

Meu pai também foi vereador na primeira Câmara Municipal de Boituva e o primeiro projeto de lei foi dele "Solicitando a entronização da cruz no recinto". Muito lindo isso, sinto orgulho dessa atitude.

Trecho referente ao meu pai, João Marcon, retirado do livro escrito pelo Padre Olavo

Um Marcon que se chamava João...

Parece que foi ontem...! Como num filme, a cena se repetia todos os domingos, e durante muitos anos, às 8h, após a missa das 7h: João estacionava seu carro, um Volkswagen alemão, legítimo, portanto, em frente à igreja matriz, e, satisfeito da vida, conduzia-me a Iperó, para a celebração da segunda missa do dia, às 8h30. Era esse o ritual que João fazia questão de observar religiosamente, com uma incrível pontualidade, até às raias da devoção, o que sempre suscitava muita admiração e respeito da população católica e não católica, da época.

De João bem que se poderia dizer o mesmo que Sofonias profetizou sobre os humildes (SF 2,3;3,12-13): "Eles não cometerão iniquidades, nem falarão mentiras; não se encontrará em sua boca uma língua enganadora; serão apascentados e repousarão, e ninguém os molestará".

Mas, vamos conhecer melhor as origens desse Marcon que se chamava João.

Seu pai, Giuseppe Marcon, era natural da comunidade de Mansué, na Província de Treviso, norte da Itália e perto de Pádua e Údine. Nasceu em 2 de setembro de 1877. Quando o ciclo das imigrações chegava ao auge e não tendo mais condições de viver em sua terra, dadas as contínuas e terríveis ameaças de guerra, acontecida logo em seguida, no ano de 1914, Giuseppe saiu de sua casa com apenas 11 anos de idade, no dia 28 de janeiro de 1888, com destino ao Brasil, partindo de Gênova a 4 de fevereiro no navio Sancto Martino, da 2ª classe. Desembarcou em Santos, no dia 1º de março de 1888 e viajou para São Paulo, onde permaneceu por três dias. Daí, seguiu para Tietê, por via férrea, que havia sido inaugurada no dia 1º de janeiro de 1883 e de lá buscou a fazenda Sampaio, em Pederneiras, percorrendo uma distância de, aproximadamente, 300 km, de acordo com Pasquale Abramo, em oito horas, tudo em carro de boi. *Se non è vero...* Naquela fazenda se deixou ficar por dois anos e daí retornou a Tietê e, finalmente, a Cerquilho, donde não saiu mais até a morte.

Em Cerquilho casou-se com Maria Mescolotto, cujas raízes remontam também à velha Itália e à Província de Treviso. O casal teve oito filhos: Luiz Marcon, Virgínia, Ângelo, Pedro, João Marcon, Luiz Marcon, Carolina Marcon e Maria. Esse casamento realizou-se em Cerquilho, por volta de 1906.

O nosso João, também conhecido familiarmente por Joanim, nasceu no dia 18 de setembro de 1915, em Cerquilho mesmo, aí vivendo toda a sua infância, em companhia dos pais, dos demais irmãos e outros tios, Luigi, Anna e Maria, que acompanharam Giuseppe, também, como imigrantes. Aliás, o próprio João dizia-nos sempre que "fora criado no sítio e que por isso mesmo pouca leitura tinha". Na verdade, João frequentou, dos 7 aos 10 anos de idade, a tradicional escola de bairro e aí foi alfabetizado o suficiente para ganhar a vida. "Para o gasto". Mas, a lavoura não era o forte de João. Sua vocação era o comércio, o setor secundário da economia. E foi no comércio que João tentou, primeiro, uma lavanderia e reforma de chapéus e, depois, carpintaria.

Em Tietê, como em Cerquilho, nossos primeiros imigrantes italianos, profundamente religiosos, foram pioneiros na implantação dos atuais bairros, cada qual com sua capela, por eles próprios construídas e dedicadas a um orago, dentre os mais populares trazidos de Portugal ou da Itália, tais como: Santa Cruz, São Roque, São João, São Pedro e Nossa Senhora da Conceição. Por ocasião da festa do seu padroeiro, cada bairro, através de uma Comissão de festeiros, organizava-a com muito capricho e devoção, o que atraía muita gente dos bairros vizinhos e das cidades mais próximas. Essa tradição se mantém até hoje.

Numa dessas festas, em Tietê, no bairro Santo Antônio, João conheceu uma jovem de 19 anos, a Rosalina ou Rosa, dela se enamorou e casaram-se na Igreja Matriz de Cerquilho, no dia 3 de fevereiro de 1940.

Em 1942, vieram fixar domicílio em Boituva, onde João e Rosa, em meio a grandes sacrifícios, recomeçaram sua vida. A princípio, com a lavanderia e reforma de chapéus e, logo em seguida, conseguiram montar sua loja. Daí em diante, só progrediram. A loja cresceu, fixou-se definitivamente no local ou ponto, onde é hoje a "Modas Luvizoto", sua sucessora. Em Boituva, nasceram três filhos: José Carlos, João Carlos e Celso. O 4º filho, Sérgio, nasceu em Tietê, porque sua mãe, grávida de 7 meses, tendo sofrido pequeno acidente, precipitou os trabalhos de parto, com o que foi internada, às pressas, na Santa Casa daquela cidade.

De João guardo lembranças incríveis! Uma delas foi a viagem que fizemos a Brasília, em 1963, João, eu e Mauro, sobrinho de João, sempre no Volks, 53, alemão puro. Passamos em Frutal-MG, onde votamos no Plebiscito, ou seja, consulta promovida pelo governo federal para que disséssemos se éramos favoráveis ou não ao parlamentarismo ou ao presidencialismo. De Frutal fomos para a cidade de João Pinheiro, onde vimos uma comédia de Harold Loyd e o cinema parecia que vinha abaixo pelas nossas estrondosas gargalhadas, o que chamou muito a atenção das poucas pessoas da plateia. Em Brasília, os nossos cuidados eram com o sonambulismo do João, que poderia levá-lo a sair, à noite, pelas ruas de uma cidade, para nós, até então, completamente desconhecida.

No dia 3 de fevereiro de 1956, João e Rosa celebraram suas bodas de prata matrimoniais, com direito à belíssima e inesquecível cerimônia e grande concurso de povo, parentes e amigos. Estranhamente, levado por misteriosa premonição, alguém, talvez o próprio João, mandou imprimir no santinho o versículo 6º do Cap. 19 de S. Mateus: "Não separe o homem, o que Deus Uniu".

E João e Rosa cumpriram esse mandamento divino integralmente, até o fim, pois juntos foram colhidos por fatal acidente automobilístico, na via Mal. Rondon, trecho Cruz das Almas-Cerquilho e juntos foram para a Casa do Pai, desfrutar das alegrias eternas reservadas para aqueles que, como eles, receberam 5 talentos e retornaram com 10. Que dia? Dia 2 de fevereiro de 1967.

Para mim, decorridos trinta anos daquele infausto acontecimento, parece que tudo ocorreu como se fosse um sonho: o casal daqui partiu, como se fosse fazer uma longa viagem, muito mais longa do que aquela de Brasília, sem despedida, sem alguma furtiva lágrima...

Será que fizeram boa viagem? Mas, que dúvida haveria, se Quem os recebeu, acolheu-os paternalmente dizendo: "vinde, benditos do meu Pai e possui o reino que vos estava preparado..."?

Isso só nos faz felizes, João e Rosa, só nos faz muito felizes...

O crucifixo da Câmara Municipal

Católico praticante, João jamais desmentiu as suas raízes religiosas e, como vereador da 1ª Câmara Municipal de Boituva, apresentou um projeto de lei solicitando a entronização do Cristo Crucificado no recinto do nosso poder legislativo. Fez mais. Ele próprio doou o grande crucifixo e fez parte da Comissão que convidou Mons. João Sandoval Pacheco a benzê-lo e entronizá-lo.

Leilões da festa de São Roque

A partir do mês de maio, os festeiros de São Roque promoviam pequenos leilões que aconteciam bem em frente à loja do João, na Rua Cel. Eugênio Motta. Às 19h30. Bancos eram colocados junto ao meio-fio da rua para acomodar o público da banda "Sagrado Coração de Jesus", que chegava pontualmente, executando animado dobrado e atraindo muita gente dentre os que saíam da "Reza" na igreja e os que se deixavam ali ficar, fosse para arrematar alguma prenda ou para apreciar o movimento. Tudo isso em meio ao *footing* da juventude da época, que ocupava quase todo o quarteirão, tendo como ponto de referência a loja que João e Rosa mantinham aberta para acolher os festeiros, as prendas e os arrematadores, bem como as pessoas amigas que se aproximavam para um final de conversa. Essa tradição se manteve até os fins dos anos 70, quando também o *footing* se extinguiu naturalmente. Belos tempos aqueles!

Rosalina Betti

Nasceu em 6 de setembro de 1921 no distrito de Mato Dentro e faleceu em 2 de fevereiro de 1965 (o declarante da Certidão de Óbito foi Antônio Cinto, amigo do casal). Deixou os filhos: Sérgio, casado com Aparecida Foltran, e José Carlos, João e Celso, solteiros e menores.

Todos os descendentes dos Bet, Bete, Bette, Betti são da mesma linhagem, foram se alterando nos cartórios. Mas da Itália vieram como Bet, aí veio a criatividade dos nossos cartórios.

Estava fazendo essa pesquisa em 1999, quando me falaram muito sobre o ator Paulo Bete. Há um relato do Pe. José Bertanha em que ele fala que os avós do Paulo também vieram no mesmo vapor dos Bertanha, o vapor Palestro, fazendo parte da comitiva.

Árvore genealógica *da Rosalina*

Andrea Bet (1843-1890) e Anna tiveram dois filhos, ambos nascidos na Itália:

1 – Antônio di Andrea Bet, que se casou com Luiza Sandrin e com ela teve dois filhos nascidos na Itália, Ângelo (4) e Anna (2), e mais três filhos nascidos no Brasil, José, João e Adalázia.

2 – Paulo Bet

Desembarcaram no Brasil em 21 de janeiro de 1889, no navio Palestro. Segundo o registro, Andrea tinha 46 anos e faleceu 1 ano após desembarcar no Brasil. Juntamente, no navio, vieram sua mãe, Teresa (70), sua esposa, Anna (38), e os filhos, Giovanni (13), Teresa (11), Antonio (9), Giuseppe (6) e Ângela (1), a qual acabou falecendo alguns dias depois da chegada, em 30 de janeiro de1889.

Vieram também seus irmãos: Antonio (38) e a cunhada Luiza (27), Francesco (42) e a cunhada Ângela (29), e sobrinhos: Anna (2), Ângelo (4), Maria (3), Domenico (2), Luigia (1).

Ângelo Bette e Maria Pavelli tiveram seis filhos:

1 – Hermínia Bette, casada com Ângelo Bertanha (o Ângelo era o penúltimo filho do casal Sante Bertagna e Anna Maria Gando). Eles tiveram nove filhos: Aldo, Inês, José Antonio, Moacir, Leonor, Odete, Claudio, Benedito e Maurílio. Como particularidade dessa família, pode-se dizer que eles são quietos, calados.

Obs. O José Antonio Bertanha é padre e ele fez um relato extenso sobre a família Bertanha no Jornal de Cerquilho em agosto de 2004. O padre era primo de mamãe.

2 – Guilherme Bette, casado com Maria Silvestrini, com quem teve dez filhos: Odivaldo, Roberto (Beto), Lourdes, Tito, Zé, Toninho, Milton, Pena, Tião e João.

3 – Duzolina Bette, casada com Francisco Dalbó, com quem teve oito filhos:

3.1 – Iraides Dalbó, casada com Waldomiro Savassa e mãe de seis filhos.

3.2 – Ivone (Keko) Dal Bó

3.3 – Ângelo Dal Bó (Eno), dono de uma padaria em Tietê.

3.4 – Maria José Dalbó

3.5 – Maria Luiza Dal Bó

3.6 – Lena Dal Bó

3.7 – Silvestre Dal Bó

3.8 – Luiz Carlos Dal Bó, o caçula

4 – Luiza Bet, casada com Narciso Bertanha em 8 de janeiro de 1927, com quem teve duas filhas:

4.1 – Jandira Bet Bertanha

4.2 – Guiomar Bet Bertanha, casada com Agostinho Correa e mãe de três filhos (Guiomar sempre esteve envolvida com o ramo de confecção, e seus filhos herdaram isso dela).

4.2.1 – Marcos Bertanha Correa, falecido aos 21 anos.

4.2.2 – Bárbara Bertanha Correa (9 de fevereiro de 1963), casada com Marinho José Tadeu Biava, com quem teve três filhos:

4.2.2.1 – Mariana Bertanha Biava Hattanda, casada, mãe de duas filhas.

4.2.2.2 – Marilha Biava Bolini, casada, mãe de um filho.

4.2.2.3 – Marcos Biava

4.2.3 – Carlos Aberto Bertanha Correa (21 de fevereiro de 1971), casado com Silvana dos Reis (7 de novembro de 1974), apelidado de Catão.

4.2.3.1 – Carolina Bertanha

4.2.3.2 – Luisa Bertanha

5 – Antonio Bette, casado com Pierina Rui, com quem teve quatro filhos: Laerte (RJ), João, Vilma e a Amabile (Mariquinha). Como fato anedótico, a Mariquinha me contou que, como eles têm um parente alemão, o cachorro deles se chamava "Berlino".

6 – Rosalina Betti, minha mãe, casada com João Marcon, com quem teve cinco filhos, sendo quatro meninos e uma menina: Sérgio Antônio, José Carlos, João Carlos, Celso e Maria José, que morreu com 1 ano de idade.

A minha mãe era mais conhecida como dona Rosa. Vou falar o quê dela... é só amor. Até a chinelada que ela mirava em mim a mais de 20 metros e me acertava na cabeça, eu achava demais. Em casa, quatro meninos. E eu, principalmente, só aprontava. Acho que faltava uma irmã para dar uma equilibrada.

Aos domingos, ela se dedicava por inteira a nós, eu diria 100%. Durante a semana, vocês sabem, ela só ficava atrás do balcão. Mulher valente!

Falando em domingo, olhem um cardápio da D. Rosa:

> 1º prato: uma sopa
>
> 2º prato: macarronada feita em casa, frango assado e arroz de forno (dos deuses!)
>
> 3º prato: salada de fruta e pudim de leite condensado.

Quando havia jogo, luta livre ou filme Bonanza na TV em preto e branco, mamãe e Andrelina (nossa ajudante) faziam bolinho de chuva e café puro.

Sempre quando ia dormir levava um copo d'água.

Conversando com a Cida Marcon, lá pelo ano 2000, ela me contou que certa vez mamãe estava grávida de um menino, e abortou quando estava entre o 3º e o 4º mês. O médico que a atendeu era o Dr. Arnaldo, e isso foi na mesma época que a própria Cida estava grávida. Papai falava para a Cida que o filho dela ia ser uma menina. Ele acertou... nasceu a Kenya!

Fotografia 12 – Foto só das mulheres

Vemos nessa foto da esquerda para a direita: a Vitória Bertanha Biscaro, a tia Luiza Bet Bertanha, a Rosalina Bette Marcon e a minha cunhada, Aparecida Foltran Marcon.

Fonte: o autor

Dessa célula formada pelos meus pais, João e Rosalina, nasceram cinco filhos:

1 – **Sérgio** Antonio Marcon

2 – **Maria** José Marcon

3 – **José** Carlos Marcon

4 – **João** Carlos Marcon

5 – **Celso** Marcon

1 – Sérgio Antonio Marcon nasceu em 21 de dezembro de 1940 e faleceu em 16 de setembro de 2002, com 61 anos. Em 1º de maio de 1963, casou-se com Aparecida Foltran (9 de setembro de 1945), ele com 23 e ela com 18 anos.

O Sérgio era comerciante e também corretor de imóveis. Foi vereador e candidato a prefeito em Boituva. Parou com tudo quando teve aneurisma cerebral, foi operado, mas ficou com sérias sequelas, inclusive de memória, isso aos 41 anos de idade. Justo ele, que tinha uma memória privilegiada. Sua esposa e seus filhos sempre deram apoio nesse período de doença, que durou 20 anos, e não faltou o carinho da família.

1.1 – Wellington Reynaldo Marcon (8 de janeiro de 1964) era engenheiro elétrico e proprietário da Proenge Engenharia Elétrica e Solar. Casou-se com Selma Bom (23 de junho de 1969) em 26 de agosto de 1996.

1.1.1 – Myriã Desiree Bom Marcon (23 de junho de 1969)

1.2 – Kênya Rosa Marcon (24 de março de 1965) casou-se com Clodovaldo Gianotti (30 de janeiro de 1958) em 23 de dezembro de 1982.

1.2.1 – Ketty Marcon Gianotti (8 de outubro de 1983), fisioterapeuta, casada, em segunda núpcias, com Waldir Pereira da Silva (23 de outubro de 1987).

1.2.1.1 – Karen Gianotti Moretti (30 de janeiro de 2007), fruto do seu primeiro casamento.

1.2.1.2 – Nícolas Gianotti Silva (26 de maio de 2014)

1.2.2 – Thyago Francisco Gianotti (29 de abril de 1988)

1.2.2.1 – Lívia Quartucci Gianotti (11 de fevereiro de 2011)

1.2.2.2 – Mathias Quartucci Gianotti (25 de novembro de 2014)

3 – Helga Marcon (4 de agosto de 1966)

3.1 – Christian Augusto Casemiro da Rocha (18 de dezembro de 1990), casado com Renata Miranda de Souza (20 de janeiro de 1986) em 26 de julho de 2010.

3.1.1 – Giovanna Miranda Casemiro da Rocha (8 de julho de 2013)

3.1.2 – Guilherme Casemiro da Rocha (21 de junho de 2016)

3.2 – Bianca Casemiro da Rocha (26 de agosto de 1996), casada com Ricardo Soares (10 de julho de 1990) em 21 de outubro de 2017.

4 – **Veruschka** Aparecida Marcon (21 de dezembro de 1968), casada com Luiz Rogério Biscaro, o Neno (13 de julho de 1957).

4.1 – Rafaela Marcon Biscaro (18 de novembro de 2004)

5 – **Henry** Ângelo Marcon, que nasceu em 18 de julho de 1975 e morreu em 1º de junho de 1994, aos 18 anos.

2 – **Maria José** Marcon, que nasceu em 3 de junho de 1943 e faleceu em 16 de julho de 1944, com 1 ano. Segundo relato da Cida Marcon, quando mamãe a levou ao médico em Tatuí, ela já estava em um estágio avançado de leucemia.

3 – **José Carlos** Marcon, que nasceu em 15 de maio de 1945 e faleceu em 23 de dezembro de 2019, era conhecido como Zeca e foi casado c.om Dirce Húngaro, a qual sempre foi comerciante em loja no centro de Boituva.

3.1 – **João Celso** Marcon nasceu em 11 de janeiro de 1967. É advogado. Em 23 de abril de 1994, casou-se com a professora de história Gisele Holtz (26 de março de 1968).

3.1.1 – Bruno Holtz Marcon (28 de agosto de 1997), é designer gráfico.

4 – **João Carlos** Marcon (14 de março de 1947), que é administrador de empresas. Casou-se em Boituva, no dia 26 de dezembro de 1970, com a professora de ciências Sônia Maria Rosa da Silva, que nasceu em 11 de novembro de 1949 e morreu em 5 de setembro de 2011. Depois que fiquei só, fiz três vezes o Caminho de Santiago de Compostela (Espanha) e viajei de trem, no Expresso Transiberiano, de São Petersburgo a Vladivostok (Rússia) e de Ulan-Ude (Rússia) a Beijing (China), passando por Ulaanbaatar (Mongólia).

4.1 – Janaina Marcon Dantas (20 de abril de 1973), farmacêutica. Casou-se com Fábio Dantas (27 de março de 1968) em 25 de maio de 2002 na chácara Recanto do Sol em Porto Feliz. Moram na Vila Mariana, em São Paulo.

4.1.1 – Victtoria Marcon Dantas (1º de novembro de 2003)

4.1.2 – Guilherme Marcon Dantas (18 de junho de 2005)

4.2 – Jodson Philippe Marcon (9 de junho de 1980), que é analista de sistemas e vive e trabalha atualmente em Portugal. Por um bom tempo morou em Goiânia.

5 – Celso Marcon, que nasceu em 15 de maio de 1949 e faleceu em 23 de janeiro de 2006, foi casado com Irene Vercellino (05 de fevereiro de 1951 - 21 de abril de 1994). Tiveram gêmeos:

5.1 – André Vercellino Marcon (8 de junho de 1976 - 13 de novembro de 2004)

5.2 – Aurélio Vercellino Marcon (8 de junho de 1976, gêmeo do André). Tem uma companheira, Karina Pereira (18 de outubro de 1981).

5.2.1 – Julia Marcon (29 de junho de 2006)

5.2.2 – Geovana Marcon (3 de abril de 2010)

José Marcon Filho

José Marcon Filho nasceu em Cerquilho em 19 de novembro de 1916 e faleceu em 7 de março de 1969 – tinha o apelido de queixudo. Em 14 de maio de 1959, casou-se com Nadir dos Santos (25 de março de 1935 - 14 de fevereiro de 1978). Foi registrado com o mesmo nome de seu pai, José Marcon, e só mais tarde entrou com um processo para acrescentar o Filho: José Marcon Filho. Ele era taxista e o seu veículo era o famoso Ford Mercury 1942 azul claro, era conhecido como Bepin. Tiveram dois filhos:

1 – Donisete Marcon, que nasceu em Tietê no dia 18 de abril de 1960. Em 16 de julho de 1988, casou-se com Helena Tassoni (16 e julho de 1962). Eles têm uma confecção de roupa infantil em Cerquilho. Tiveram dois filhos:

1.1 – Thaisa Helena Marcon (31 de janeiro de 1989)

1.2 – Giovani Tassoni Marcon (10 de novembro de 1995)

2 – Claudio Marcon (3 de novembro de 1973), que é casado com Lucimar Aparecida Martins (7 de janeiro de 1977), com quem tem uma filha:

2.1 – Izabella Sabrina Marcon (29 de abril de 2000)

A foto a seguir foi tirada em Pirapora, onde vemos o José Marcon Filho (Bepim) carregando no colo o seu filho Donizete Marcon, a Nadir dos Santos Marcon e o Mimi, pai da Nadir.

Fotografia 13 – Família do Bepim em Pirapora

Fonte: o autor

Fotografia 14 – José Marcon (Bepim)

Fonte: o autor

Carolina Marcon

Carolina Marcon (1920) nasceu em Cerquilho e casou-se com Eugênio Simão. Tiveram quatro filhos e neles colocaram os mesmos nomes que João Marcon e Rosalina, meus pais, deram aos seus filhos, não na mesma ordem: Celso, Sérgio, José e João.

Na foto a seguir, vemos, da esquerda para a direita: Eugênio Simão, Diva Brandolise, Francisco José Grando, Carolina Marcon Simão, Anelis Grando de Nadai e José Marcon Filho (Bepim).

Fotografia 15 – Dia de tirar foto, todos elegantes!

Da esquerda para a direita, Eugênio, Diva, Francisco, Carolina, Anélis e Bepim.

Fonte: o autor

NAVIO SAN MARTIN

"Andiamo in'Merica
Andiamo in'Merica"

No tombadilho do navio, seja vêneto, toscano, napolitano, todos unidos numa só canção, num coro único! Oravam em forma de canções. A música acalentava seus sonhos!

Foi a partir de 1861 que a Itália conseguiu a unificação, mas a identidade italiana demorou um bom tempo a mais para acontecer: nas mentes e nos corações, prevaleciam vênetos, napolitanos, toscanos, calabreses e outros. E no navio já se fazia essa química de um só país, todos unidos numa só canção: "Siamo tutti Italiani!"

Figura 9 – Navio a vapor

Fonte: Chargeurs Réunis

O San Martin era um navio a vapor misto: carga e passageiros. Tinha bandeira francesa e pertencia à Compagnie des Chargeus Réunis. País construtor: França.

A bordo, 350 passageiros. Tenho a impressão de que esse número não é exato, pelo volume de pessoas, deve ter tido alguma desistência. Conversando aqui com meus botões, deveria ter acontecido algum nascimento a bordo.

No verso do passaporte do nosso bisavô, Luigi Marcon, tem uma anotação em italiano: *vapore San Martino*, e a anotação dos lugares deles no navio. Mas esse não é o nome correto do navio, que é San Martin, em francês. Com certeza foi um italiano a escrever.

Como queria informações sobre o navio que trouxe os nossos antepassados ao Brasil, fui direto pesquisar em duas fontes: nos arquivos municipais da cidade Havre, onde foi construído o navio, e em uma empresa que faz resgates de navios na costa uruguaias. Vejam o que consegui:

Troquei correspondência com Archives Municipales Fort de Tourneville – Le Havre – France:

> Senhor, tenho o prazer de lhe enviar, como prometido, uma publicidade de 1888 da Compagnie des Chargeus Réunis, que faz a linha do Brasil, e a ficha técnica do navio a vapor San Martin, extraída de uma monografia publicada em 1984. Com minha maior consideração. Sylvie Barot, curadora. Le Havre, 25 de fevereiro de 2002.
>
> Descritivo do navio San Martin:
>
> - Navio-irmã do "Rivadavia"
>
> - Construído pela Forges et Chantiers de la Mediterranée LE HAVRE-GRAVILLE
>
> - Comprimento: 94 metros. 48; arqueação bruta = 2.258 tx.
>
> - Máquina composta – toldo cilíndrico – potência = 850 HP – velocidade de teste = 11 n.
>
> 4 de setembro de 1889 – indo de San Vicente a La Plata, encalha nas rochas "las Pipas", entre a Ilha das Flores e a Punta Brava, perto de Montevidéu, em tempo nublado. Fizeram o resgate de mercadorias, mas, na noite de 11 a 12 de setembro, o navio afunda e a tripulação a deixa.

Monsieur, J'ai le plaisir de vous transmettre comme promis une publicite de 1888 sur la Compagnie des Chargeus Réunis effectuant la ligne du Brésil ainsi que le fiche technique de paquebot San Martin, extraite d'une monographie publiée em 1984. Je vous em souhaite réception e vous prie d'agréer, Monsieurs,

l'assurance de ma consideration distinguée. Sylvie Barot, conservateur. Le Havre, le 25 février 2002.

A informação abaixo consegui por e-mail, em 9 de março de 2002, com uma empresa que só faz resgates de navios afundados, e eles estavam trabalhando a 1 km do San Martin:

galeon@adinet.com.uy, Departamento de Operaciones de Collado Rescate:

Caro João, recebemos sua mensagem. Nas informações que temos sobre o navio francês San Martin que você mencionou, encontramos o seguinte:

Ele era um navio francês do Chargeurs Réunis, e seu capitão era o senhor Dupendan, vinha do Havre ao Rio da Prata, com 169 passageiros e uma carga geral.

Naufragou na Pedra Sara, entre as ilhas Flores e Boa Viagem, fazendo-se um grande rombo na proa. Os vapores de Lussich e Escofer conseguiram salvar muita carga e tentaram cobrir os rombos, mas no dia 11 foi perdido, quando tombou por causa do vento.

Este vapor francês está a 1.000 metros do local onde atualmente trabalhamos no resgate do galeão português Nossa Senhora da Luz.

Se você tiver alguma informação de interesse para nós dois, aguardamos sua resposta.

Ficamos em contato, atenciosamente, Sra. Dupetit, Departamento. Operação Collado Rescate.

Estimado João: recibimos su mensage. En la información que tenemos acerc del navio francês San martin que Ud. Menciona hemos encontrado lo se seguiente:

> Era um vapor francês de la Chargeurs Reunis, y su Capitán fue M. Dupendan, vênia del Havre para el Rio de la Plata, com 169 passageiros y uma carga general.
>
> Naufragó em la Piedra Sara, entrr ls idls fr Flores y Buen-Viaje, haciéndose um gran rumbo em la proa. Los vapores de **Lussich** y Escofer lograron salvar mucha carga e intentaron tapar los rumbos, pero el 11 se diopor perdido, cuando se tumbóa babor a causa del viento. El 19 ser remató com la carga que se quedaba a su bordo, mientras que el 2 de octubre se hizo lo próprio com hierro y trigo que se habia rescatado de su cargamento.
>
> Este vapor francês está a 1.000 metros del lugar en dondes estamos trabajando actualmente em el rescate del galeón português Nuestra Señora de la Luz.
>
> Si Ud. Tieno alguma información que resulte de interés para ambos, esperamos su respuesta.
>
> Quedamos em catacto , atentamente, Sra, Dupetit, Depto. De Operationes de Collado Rescate.

Morri de rir, no e-mail eles pedem a mim: "si ud. Tiene alguna información que resulte de interés para ambos, esperamos su respuesta". Mas muito prestativo em suas informações. Muito obrigado sim!

A frota Lussich que ajudou no resgate do San Martin era mais conhecida como a frota cinza de Lussich. Essa frota, com seus tripulantes, saía durante os temporais a regatar os navios em pleno mar, assim está relatado no livro *Naufrágios Celebres*.

O cônsul inglês, na entrega de uma medalha de ouro, pelo reconhecimento de seus serviços, disse:

> Lussich dirigiu pessoalmente, em plena tempestade, o resgate desses pobres náufragos... expondo sua vida e recusando o pagamento de recompensa.
>
> É preciso ressaltar que o governo, que com orgulho represento, há condecorado pessoas com esta medalha de ouro, sendo considerada na Inglaterra de suma importância, segundo sei, é a única que se há dado na América Latina [...]

Como o Navio a vapor San Martin era grande, ele era misto: na primeira perna, a maior parte do espaço está equipada para o conforto dos passageiros. O frete era composto pelos produtos das fábricas francesas, em particular os produtos em algodão e em lã, bem como os "artigos de Paris", todos produtos dos quais o Brasil e a Argentina se tornaram importantes pontos de venda. No caminho de volta, lã argentina e café brasileiro enchiam os porões dos navios dos Chargeurs.

Artigo extraído da Revista "L'Initiation n.º 2, 1974 – A Queda.

> [...] todas as classes sociais estão sobre o mesmo navio, desde o pobre imigrante, que se encontra enrolado num saco de dormir, até o rico que ocupa uma boa cabine. A velocidade do navio é a mesma para todos, ricos, pobres, grandes e pequenos: todos chegarão ao fim da viagem, ao mesmo tempo.
>
> "Uma máquina inconsciente, funcionando segundo leis estritas, move o sistema inteiro. Uma força cega (o vapor), canalizada nos tubos e órgãos de metal, gerada por um fator especial (o calor), anima a máquina inteira. A vontade dominante do capitão governa tudo, a máquina orgânica e o conjunto dos passageiros.
>
> Indiferente à ação particular de cada passageiro, o capitão, com os olhos fixos no objetivo a atingir, com as mãos ao leme, conduz o imenso organismo em direção do ponto terminal da viagem, dando suas ordens ao exército das inteligências que o obedecem. Ele não comanda diretamente a hélice que move o navio, mas age sobre o leme.
>
> Na popa do navio ficavam os passageiros da 1ª classe e na proa os passageiros da 2ª e 3ª classes. Tinha a cabine de comando, a cozinha, a dispensa, a pracinha, a ponte, a enfermaria, sala de jantar para os passageiros da 1ª classe e também as cabines para a 1ª classe. Na 2ª e 3ª classes beliches altos com várias camas.

Fiz uma pesquisa junto aos arquivos da companhia de navegação Chargeurs Réunis e lá relatam que a sua "ligne du Brésil" tinha as saídas nos dias 7, 17 e 27 de cada mês.

Fazendo o cálculo, daria 24 dias no oceano, de porto a porto. Mas há um relato mencionado lá atrás, do Pasquale Abramo, em que se afirma que a saída do Porto de Gênova foi no dia 4 de fevereiro de 1888. Deve ter acontecido que a lotação do navio foi rápida, pois os emigrantes ficavam amontoados por dias no Porto e, como as companhias tinham interesse econômico nisso, antecipavam para obter mais lucros. Eles estavam em Gênova dia 1º de fevereiro de 1888 e chegaram ao Porto de Santos dia 1º de março de 1888. O ano de 1888 era um ano bissexto do século XIX, então o mês de fevereiro tinha 29 dias. Portanto, a travessia foi de 4 de fevereiro a 1º de março.

Voltemos ao nosso San Martin, fico a imaginar o apito do navio bem prolongado! Fico a imaginar os imigrantes no tombadilho, onde iam respirar melhores ares! Porque dentro do navio ficava insuportável.

Quando algum passageiro morria, não tinha muito o que fazer, e a viagem era longa. Faziam uma cerimônia religiosa, envolviam o corpo num lençol e ele era lançado ao mar.

Fico a imaginar o que se passava na cabeça dos emigrantes que trabalhavam com a terra e eram acostumados a chorar seus mortos e terem um túmulo... aqui, sem chances de fazer esses cerimoniais, estavam no Oceano!

"Andiamo in'Merica

Andiamo a raccogliere caffè

Andiamo in'Merica"

Do livro de Franco Cenni:

> A música, o ar da noite faziam-nos esquecer dos alojamentos repletos, a comida ruim, a falta de higiene. O espaço era limitadíssimo, pois havia sempre passageiros em número superior ao da lotação normal do navio. Durante os primeiros dias de viagem, porém, a maioria dos imigrantes contava com um abastecimento particular de salsichas, presuntos, queijos de ovelhas ou salames que tinham o inconveniente de provocar muita sede.
>
> [...] na passagem do Equador, que os emigrantes (não se sabe porque) chamavam "linha do sol" o comissário de bordo mandava distribuir uma comida algo melhorzinha, aproveitando a ocasião para fazer correr entre os que faziam a sexta um abaixo-assinado, em que se declarava que o tratamento a bordo, era ótimo, e a comida de primeira qualidade [...] (CENNI, 2003, p. 177, 178, 219, 2020).

Dessa forma, ficavam as Companhias a salvo de reclamações tanto para o lado do país de origem como para o lado do país que recebia os emigrantes.

Eu aqui pensando, provavelmente, como o navio jogava demais, a maioria dos passageiros enjoava. No início, o pessoal não estava acostumado, então devia ter muitas poças de vômito, ficando difícil até ter onde pisar. Mas isso deveria ser só nos primeiros dias, à medida que o tempo ia passando, iam se adaptando ao balanço do navio. Diminuía com isso o forte cheiro de vômito.

Fico a imaginar quando a cidade de Santos entrou no campo visual: o burburinho deve ter tomado conta do navio.

Os primeiros a subirem no navio depois de atracado foram os comissários de polícia e da saúde do porto. Em seguida, o pessoal da Alfândega e da Imigração. Por fim, liberados a pisarem em terra firme, era o dia 1º de março de 1888! Brasillllllll!

Città di MANSUÈ

Conheci Mansuè em maio de 2013. Sempre tive curiosidade de conhecê-la, foi dessa comunidade que nossos bisavós e seus filhos vieram. Aliás, quem me inspirou em conhecê-la foi minha prima Edna Marcon, que esteve lá e me mostrou as fotos. Lembro que ela já tinha me alertado de que na cidade em si não tinha hotel.

Fui de trem até a estação ferroviária de Treviso, que tem ao lado um ponto de ônibus até Mansuè. Cheguei bem cedo e o ônibus estava lotado de estudantes.

O meu coração parecia que ia sair do peito tamanha emoção em chegar na cidade italiana de onde os nossos antepassados vieram. Sob forte emoção, fui andando pela rua principal como se estivesse lá para juntar os fios da meada. Estava lá pelo meu pai também, que sempre quis estar ali.

Fotografia 16 –

Fonte: o autor

Fotografia 17 – Entrada da cidade de Mansuè

Fonte: o autor

Fui até a prefeitura e lá conheci o prefeito, il sindaco Giuseppe Vizzotto. Ainda sob forte emoção, passei tudo isso a ele, que fez questão de me mostrar o centro da comune. Tiramos várias fotos na praça. A foto publicada, eu com o prefeito, tem uma igreja ao fundo, la chiesa Parrocchiale di San Mansueto, que vale a pena conhecer. Essa igreja é um verdadeiro exemplo de elegância e sobriedade e fica na praça Dall'Ongaro. A propósito, o conjunto em si formado pela igreja e pela praça forma um complexo arquitetônico bem equilibrado.

Fotografia 18 – Eu e o prefeito na Praça da Matriz de Mansuè

Fonte: o autor

O prefeito pelo jeito queria que eu levasse uma boa impressão de lá e me levou para conhecer a Tenute Tomasella Italia, na via Rigole 103. O vinho de lá é excelente, conhecemos a adega e me falaram que sua produção é bem pequena.

Após o almoço, gentilmente pago pelo prefeito (il sindaco), fui conhecer o cemitério, lá é uma verdadeira fonte de informação. No portão de entrada, havia a inscrição Resurgent (Ressurgente) e um painel com as figuras do que pode ou não na visita, igual aqui. Localizei túmulos de gavetas com muitos Marcon só dos anos de 1900 para cá.

Fotografia 19 – Cemitério Mansuè

Fonte: o autor

Queria ficar em Mansuè mais uns dois dias, mas não tinha hotel, pousada ou sei lá o que, nada! O prefeito me deu a dica de conversar com o pároco, ele poderia me alojar na casa paroquial. Não fui por orgulho e hoje me arrependo disso. O pároco da "comune" é uma verdadeira fonte de informação. Hoje fica claro pra mim que tinha que ter explorado mais.

Tive a curiosidade também de consultar a lista telefônica e fiquei impressionado com a quantidade dos Marcon, uma verdadeira marconzada ou marconada? Telefones e endereços, madre mia, teria que ficar lá no mínimo um mês para fazer uma pesquisa de campo. Os nomes italianos: Adriano, Aldo, Dario, Diotisalvi, Elisa, Eugenio, Francesco, Franco, Giancarlo (2x), Giuseppe (3x), Lino, Luigi, Mara, Marcello, Mario, Pierina, Pietro, Renzo, Rino Severino, Silvio e Walter.

Ainda na lista telefônica, com o sobrenome Ghirardi (da nossa bisavó), os nomes: Antônio, Beppino, Corrado, Dino, Flavio, Luciano, Narciso, Pietro.

Mansuè é uma cidade pequena, tem em torno de 5 mil habitantes, e é muito limpa. Faz divisa com Fontanelle, Gaiarine, Gorgo al Monticano,

Oderzo, Pasiano de Pordenone, Portobuffolé e Prata de Pordenone. É uma região do Vêneto, província de Treviso.

Localidades, aldeias e núcleos habitacionais pertencentes a Mansuè: *Basalghelle, Borgo Rigole, Castella, Cornarè, Fossabiuba, Rigole, Tremeacque.*

Figura 10 – Mapa da Região de Mansuè

Fonte: Google.

Dia 3 de setembro tem a festa de San Mansueto, patrono *della parrocchia di* Mansuè.

O símbolo (brasão) da cidade é o cordeiro (*agnello*) branco e o fundo a cor vermelha (*rosso*).

Quem nasce em Mansuè é *mansuetane* (plural: *mansuetani*).

Duas são as publicações sobre a história de Mansuè:

Mansuè, il comune ieri e oggi, de Martina Marcon e Dino Cagnazzi, e

Mansuè, l'evoluzione della crescita, de Annalisa Fregonese e Luigino Covre.

Città di MARCON

Temos uma cidade na Itália com o nosso sobrenome, MARCON. Sempre achei muito chique isso e brinco com meus amigos italianos que é a cidade mais charmosa da Itália!

Se acham que não, vejamos: ela fica próxima a Veneza, mas muito próximo acessível a partir do porto leste de Marcon, em 20 minutos, e ao aeroporto Marco Polo.

Marcon é um paraíso de compras, com todos os tipos de *shopping center*, e tem cinema bem apresentável.

Figura 11 – Cidade de Marcon e arredores

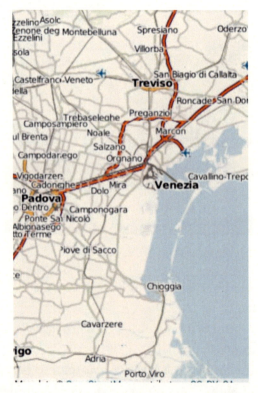

Fonte: Google.

Marcon é uma cidade tão limpa e tão bem organizada que dá gosto de ver.

Fotografia 20 – Placas informativas. A cidade de Marcon está próxima

Fonte: o autor

Fotografia 21 – Painel de Propaganda na cidade de Marcon

Fonte: o autor

Estive lá em maio de 2013. Fui de trem de Veneza até a estação ferroviária de Gaggio (uma localidade que pertence à cidade de Marcon) e de lá andei a pé 2 km até Marcon, lembro-me de um túnel que tinha que atravessar antes de chegar na cidade.

Fiquei dois dias no hotel Gamma. Tem um outro hotel lá que é maravilhoso, com seus vidros espelhados azuis: Antony Palace Hotel (4 estrelas). O meu nem vi se tinha estrela, me fez lembrar de quando fui num hotel em Veneza, e a gerente me empurrava um quarto de cobertura em frente ao canal. Falei a ela: "ma que! Sono solo, voglio una stanza semplice con un letto".

Outra coisa que me impressionou lá: eles têm várias salas de cinema, e assisti a um filme, não me recordo o nome. Depois de lá fui lanchar num McDonald´s. O centro comercial é muito forte, tem um complexo de lojas de departamento e lojas em expansão. Marcon é um paraíso de compras com todos os tipos de lojas nos *shopping centers*: negozio di giocattoli, Carrefour, Oviesse, Big Marche, Zanchetta etc.

A cidade está situada numa posição estratégica: próxima a três rodovias. Está localizada no meio da rodovia A4 Sereníssima (que vai até Turim), da rodovia A27 d'Alemagna (que começa na rodovia Mestre até Belluno) e da rodovia A57 (o anel viário de Mestre). Além de ser servida pela estação ferroviária Gaggio Porta Est, está localizada na linha ferroviária Veneza-Trieste. O aeroporto de Marco Polo dista apenas 10 km da cidade.

Na lista telefônica de Marcon, temos vários com o sobrenome Marcon: Abramo, Andrea, Antônio, Davide, Franco (2x), Gianfranco, Luigi (2x), Marzia, Tarcisio.

Além do Centro Comercial, me chamou muito a atenção, aliás, fiquei impressionado com as associações da cidade, que mostram sua dinâmica, essa é uma cidade que vive, que pulsa, é vibrante que fala?

Eis algumas: Associazione Culturale e Musicale Primavera Armonica – Associazione Arci Ska (arco e flecha) – Associazione Filatelico / Numismatica – Associazione Lady Roby Dance – Associazione Radioamatori Italiani –Atletica Carrefour Marcon – Centro Italiano Femminile di Marcon – Circolo Danza Arabesque Anspi/Europa – Caritas Parrocchiale Marcon – CROCE VERDE MARCON – Grupo Ciclistico Marcon – Air Venice Aeromodellistica – Associazione Culturale SKA (uma de suas atividades é o "MarcOnRockFest") – e tantas outras.

Figura 12 – Cartaz/Convite para amostra histórica

Fonte: Comune di Marcon

Figura 13 – Cartaz/Convite festividades

Fonte: Comune di Marcon

Marcon faz divisa com Mogliano Veneto, Quarto d'Altino, Venezia (ao sul) e fica na região Vêneto e na província de Veneza (VE). Sua população não é grande, tem em torno de 20 mil habitantes. Como a cidade fica próxima a três rodovias, sendo duas autoestradas, os empresários exploram comercialmente. A cidade é uma vitrine!

Marcon tem várias academias, um campo de tênis e um de futebol.

Fico pensando em Boituva ao lado de uma Rodovia Castelo Branco, somente agora estão investindo nisso, graças ao empreendedorismo do Guerini.

Hoje penso que a cidade de Boituva e la città de Marcon são como cidades irmãs.

Falando mais da cidade, as localidades que pertencem a ela são: Boshette (a 1,25 km do centro de Marcon), Colmello (2,20), Fabris (1,60), Fermata (2,86), Gaggio (2), Poianon (4,60), Praello (3,50), San Liberale (4,88), San Valentino (0,77), Sant'Antonio (1,20), Zucarello (6,70).

Da região metropolitana de Venezia fazem parte as cidades de: Venezia, Marcon, Mira, Spinea e Quarto d'Altino.

Há três bancos em Marcon, um deles com o nome de Banca di Crédito Cooperativo di Marcon-Venezia.

Fotografia 22 – O banco leva o nome da cidade de Marcon

Fonte: o autor

É muito significativo o artesanato e a pequena indústria.

Existe um documento do ano de 1177 que menciona a existência da capela di San Giorgio di Marcon... Marcon já foi administrada primeiro pela burocracia napoleônica e depois austríaca no século passado.

O brasão de Marcon é uma balança com fundo verde.

Quem nasce em Marcon é *marconese* (plural: *marconesi*).

O padroeiro é San Giorgio (São Jorge) e a festa é 23 de abril.

Uma coincidência: vou muito a Barcelona e o patrono da Catalunya também é Sant Jordi (São Jorge).

Pueblo de Marcón

Marcón fica no Município de Pontevedra, na Galícia, Espanha. Para quem faz o Caminho de Santiago, fica na rota do caminho português.

Em Pontevedra, procurei ônibus para Marcón, mas estava difícil encaixar o horário no meu tempo. Pensei em ir a pé, gosto muito de andar, mas vi que era um pouco complicado. Aconselho um táxi, mais rápido, não é caro e não temos o perigo de nos perdermos. Quando fui, o tempo estava bem nublado, deu para fazer uma caminhada por Marcón, estava bem agradável.

A Igreja Paroquial de Marcón tem como padroeiro São Miguel. Lá chamam San Miguel de Marcón. Tem página no Facebook com esse nome. Pelo visto são muito católicos, demais! O dia da celebração é dia 29 de setembro. Quando fui, em 30 de agosto 2017, já estavam com programação pronta.

A programação da festa do padroeiro começa com *cucañas* (pau de sebo), atividades para as crianças à tarde e shows musicais à noite. Durante todo o dia, além dos atos litúrgicos que o honram, eles comemoram uma degustação gastronômica de sardinha com pão de milho.

Fotografia 23 – Placa na entrada da freguezia de Marcon

Fonte: o autor

Fotografia 24 – Cruzeiro romano

Fonte: o autor

Os Marcon no mundo!

O mapa da Itália, em forma de bota, simboliza o pé na estrada, o correr o mundo, o que de fato aconteceu na grande emigração italiana no final do século XIX. Austrália, Argentina, África do Sul, Brasil, Canadá, USA, França, Alemanha, enfim até a Rússia acolheu os habitantes da língua de Dante, a língua do amor... Itália!

Vamos encontrar, em diversas partes da nossa redonda Terra, pessoas e empresas com o nosso sobrenome.

No Brasil, a maior concentração dos Marcon é no estado do Rio Grande do Sul. Sou muito conectado com as redes sociais e tenho muito contato com os gaúchos. Lá, dia 20 de setembro é feriado, é o dia Revolução Farroupilha, conhecida também como dia do gaúcho. É até bonito de se ver as Marconetes com vestido longo, saia com babados em várias camadas. O seu colorido é uma plástica de se admirar. E quando elas montam os cavalos? Uma imagem muito bonita.

Em 10 de novembro de 2019, a cidade de São Marcos (RS) realizou a 16ª Festa da Família Marcon no bairro Francisco Doncatto. Logo de manhã uma missa e depois um grande almoço: entre tantas coisas, um cardápio com massas, galeto, pão e vinho.

Na cidade de São Valentim (RS), em 2005, aconteceu o 1º encontro da Família Marcon.

No Rio Grande do Sul, vamos encontrar diversos políticos, mas o que se destaca é um deputado federal Marcon que está lá na Câmara dos Deputados.

No RS, vamos encontrar indústrias de móveis, destaco aqui a JMarcon, muito famosa. Vamos encontrar em todo Brasil mesas e cadeiras com o selo JMARCON.

Em Minas Gerais, temos o famoso vinho Marcon em Andradas, que dispensa comentários.

Não poderia deixar de mencionar São Paulo, onde o empreendedorismo dos Marcon tem alavancado o progresso. Cada um do seu jeito, girando forte a roda do progresso paulista. Exemplo, na metalurgia onde vamos encontrar no mercado todos os tipos de bancada com o timbre Marcon.

Enfim, em quase todos os rincões do país, tem um Marcon, inclusive na Amazônia.

Por isso que eu chamo a todos da grande família Marcon: vamos encontrar Marcon em outros países da América, como Argentina, México, Estados Unidos, Canadá! Sei que, nos USA, tem uma empresa muito reconhecida nos setores de energia, petróleo e gás, assim como no transporte marítimo.

Na Europa, em quase todos os países, vamos encontrar Marcon. Como gosto muito de vinho, sei que vamos encontrar na França uma adega muito bonita e famosa, a "Vins Marcon", em Saint-Bonnet, a propósito o lema deles é "l'autre côte du vin" (o outro lado do vinho). Eles têm uma página no Facebook com muitas fotos.

Na Rússia, vamos encontrar também empresas Marcon, aliás, em russo, *Mapкoн*. Tem uma indústria que fabrica mais de 500 tipos de pastilhas de freio de disco para todos os tipos de veículos na cidade de Yarosdlavl. Atende ao mercado russo e estrangeiro. Outra que é do grupo *Mapкoн* fornece navios desde 2007, localizada em Sankt-Peterburg.

Quando fui fazer o Expresso Transiberiano a bordo de trem, em abril/maio de 2019, eu me comunicava com os russos pelo tradutor on-line e me apresentava como Markonvinsk, rsrsrs.

Por falar em Rússia, fiquei encantado com as russas. Elas, além de bonitas, são muito simpáticas. Vou contar um segredo para vocês, já que estamos em família, rsrs, lá eu desencalhava com certeza.

Da Rússia, sem mais delongas, passamos para a Itália, onde há inúmeras concentrações dos Marcon, principalmente no Vêneto. O destaque lá, no meu entender, não é está ligado à economia, mas sim à música: Andrea Marcon.

O maestro, organista e cravo Andrea Marcon nasceu em Treviso. Andrea Marcon fundou a Orquestra Barroca de Veneza (VBO) em 1997 e desde então levou o grupo a ser reconhecido internacionalmente. Além disso, é maestro convidado regularmente nas orquestras de Monte Carlo, Frankfurt, Dinamarca, Granada e tantas outras. Fez uma apresentação na Orquestra Filarmônica de Berlim com um programa Vivaldi puro, incluindo Gloria, de Vivaldi. Repertório: Il trionfo dela Musica e dela Poesia de Marcello; Orlando Furioso de Vivaldi, Atenaide, Tito Manlio, Gloria, Magnificat, Juditha Triumphans; Cavalli Calisto e Giasone; Orfeu e Vésperas de Monteverdi; Messias de Handel, Ariodante e Alcina; cantatas de Bach e missa em sol menor. Sua interpretação das "Quatro stagioni di Vivaldi" é brilhante.

Seu repertório abrange também as sinfonias de Haydn, Mozart, Beethoven e Schubert e as primeiras óperas de Rossini.

O Andrea Marcon é um dos principais intérpretes dos períodos barroco e clássico. Ganhou prêmios de cravo. Já gravou mais de 50 CDs por suas gravações como organista e cravo. A esse Marcon eu levanto e brado a pleno pulmões: Bravoooo!!! Bravissimooooo!!!

Volto a falar: nós não estamos sós no planeta Terra.
Me encanta o mantra ON no MarcON.

CONSIDERAÇÕES FINAIS

Chegando ao fim desta obra, já estou com saudades das inúmeras visitas que fiz, dos cafés, das conversas por telefone, por WhatsApp, e das inúmeras viagens atrás de informações. Parentes distantes e não tão distantes, voltamos a conversar. Também teve portas que não se abriram... portas que se fecharam na minha cara, mas isso faz parte da vida. Enfim, vida que segue!

Ainda bem que fiz essas visitas antes da pandemia da Covid-19. Como estou em confinamento e peguei o gosto de escrever, fico em frente ao computador escrevendo. Já contei para vocês que tenho 73 anos e vivo só numa casa grande em Boituva. Bom, voltemos ao confinamento. Aí descobrimos que o menos pode ser mais. Sem o glamour das ruas, sem os abraços e os beijos, sem o corte de cabelo, sem as práticas de yoga ao vivo, sem a academia... Mas estou escrevendo muito, inclusive finalizando o presente livro. Faço aulas de yoga e meditação em casa. Estou criando coragem e me aventurando na cozinha. Tudo bem que às vezes me pego conversando com a minha cachorrinha, a Julie, aliás, ela nunca teve tamanha atenção. Ainda bem que temos as videochamadas, porque dá para matar a saudade da família e dos amigos, mas não dá para dar um amasso ou um beijo.

Edna Marcon

A minha prima Edna Marcon, que admiro muito, sempre esteve na vanguarda. Ela foi a primeira da família a conseguir a dupla cidadania ítalo-brasileira. Ela que me deu as coordenadas e, naquela época, eu podia dar entrada com a pasta que ela tinha dado entrada. Ela falava: "João, vá lá no consulado italiano, a nossa família agora tem uma pasta e o número é esse". Fui lá, e a instrução que me deram foi apenas providenciar a papelada minha, dos meus pais, da esposa e dos dois filhos, pois os documentos dos nossos avós para cima já constavam na pasta da família. Ter a pasta era como ter acesso quase que imediato à cidadania italiana. Era o ano de 2002. *Capisci?*

Nunca a agradeci, aproveito agora em público: *grazie mile*, Edna! *Siamo tutti brasiliani e italiani!*

Fotografia 25 – Primos

Essa foto foi tirada quando a Edna foi me prestigiar na noite de autógrafos do lançamento do meu livro *Os Caminhos do João*, no Shopping de Boituva, em 29 de outubro de 2018.

Fonte: o autor

Atualmente, mudaram-se os procedimentos e ficou tudo mais difícil, não se pode mais usar a mesma pasta para dar início. A validade do passaporte italiano, *il passaporto rosso*, é de 10 anos. Só viajo com ele e, para sair do Brasil, apresento também minha identidade.

Como cidadão italiano residente no exterior estou cadastrado, com os arquivos consulares, na comune de origem dos nossos bisavós, que é Mansuè. Desde então, tenho votado por correspondência nas eleições dos membros da Câmara dos Deputados e do Senado da República, bem como nos referendos ab-rogativos e confirmativos. Em assuntos relevantes à comunidade, o povo se pronuncia em referendos. Eis alguns em que votei (na cédula, vem simplesmente a opção de assinalar um xis em SI ou NO):

– Autonomia de Vêneto

– Tarifas de serviço para usar água pública

– A construção de novas centrais para a produção de energia nuclear

E assim vai uma série de consultas ao povo sobre toda matéria relevante e a decisão não fica somente nas mãos dos deputados – como acontece no Brasil.

Anelis Marcon de Nadai

Interessante... não éramos próximos e nunca tivemos contato. Lembro sempre que papai e mamãe faziam questão de passarem lá toda vez que iam a Cerquilho e Tietê, afinal de contas a Virgínia, mãe da Anelis, era irmã de papai. Outro da família que visitava muito a família da Anelis era o meu irmão Sérgio.

Essa minha busca pelos antepassados me fez procurá-la, pois devia ter muitas histórias para contar, sem falar nas inúmeras fotos dos familiares. De fato, ela tem uma caixa cheia de fotos, que guarda com carinho.

Os nossos encontros foram de pura emoção, como se voltássemos no tempo. As lembranças se afloraram, a gente se perdia nas histórias... Além dela, seu marido, Narciso de Nadai, era uma fonte viva dos acontecimentos. As nossas conversas saboreávamos com um delicioso café e bolo de fubá, que ela fazia com tanto carinho para me recepcionar.

Fotografia 26 – Primos

Foto tirada em uma das minhas visitas ao casal, Anelis e Narciso, em Cerquilho, em julho 2019.

Fonte: o autor

É comum entre familiares o afastamento de um ou outro. Mas só volta quem se afasta. Eu estava feliz por estar lá e por poder conhecer um pouco melhor os nossos antepassados. Não somente saber que o Giuseppe era o nosso avô, mas saber o que ele comia e do que ele gostava de fazer na época. Entender como era o costume da época, como se vestiam. Me senti privilegiado por estar tentando refazer a história dos parentes que já morreram para que a história da nossa descendência não se perca com o tempo.

A Anelis abriu sua casa e o coração para mim. Me contou tudo o que lembrava e me mostrou todas as fotos, algumas eu inclusive estou aproveitando para publicar aqui.

Hoje, depois desses encontros, ficou uma amizade muito boa. Moramos em cidades diferentes, mas usamos as ferramentas da internet, principalmente o WhatsApp, ainda mais nessa época de pandemia da Covid-19. Estamos conectados.

Me senti como um elo ligando a todos os antepassados. Aliás, a nossa genética vem vindo de onde? Deles Uai! Saber de onde eu vim, me emociona!

Vejo o pessoal à procura de brasão em nome do sobrenome da família. Naquela época, o brasão tinha uma finalidade e era concedido por alguma razão específica e, mais tarde, era disputado como status. Hoje, você pode comprá-lo pela internet ou em alguns quiosques.

Pelo que deu para sentir, a nossa família era de gente trabalhadora, operária, não tinha nenhum sangue azul, pelo menos não achei. Aliás, nenhum louco também, rsrs.

No meu trabalho, contei com a colaboração do Memorial do Imigrante/Museu da Imigração de São Paulo para obter a Certidão de Desembarque.

Mas os americanos foram mais eficientes: as companhias de navegação conservaram os registros, os quais foram digitalizados e publicados no site do Centro Histórico da Imigração da Família Americana (www.ellisisland.or) – *search*. E o site oferece o menu para você escolher o registro de passageiros do navio, a imagem do navio e o manifesto do navio.

Não estou fazendo nenhuma crítica, só estou relatando! *Capisci?*

Na minha comunicação com o exterior, utilizei o correio eletrônico. Às vezes, a resposta demorava dias, outras vezes, vinham no mesmo dia! Mas sempre davam retorno.

Vou contar sobre um filme para vocês em que a genealogia entra no enredo: o filme é "Viagem ao Princípio do Mundo", uma obra de um cineasta português que conta com a participação do ator Marcello Mastroiani, o último filme dele em 1997.

Um resumo do filme: fizeram uma filmagem em Portugal, e o ator francês era descendente de portugueses que tinham se mudado para a França antes da 2ª Guerra Mundial. Agora, em Portugal, ele resolve visitar uma tia que mora numa vila. Ela sem falar francês, ele sem entender muito português. Mas a emoção falava mais alto do que a barreira da língua.

Quando, em 1888, os nossos bisavós desembarcaram no Porto de Santos no vapor San Martin, o Brasil estava na vibração da libertação dos escravos, que só foi promulgada em 13 de maio pela Princesa Imperial Regente D. Isabel, filha de D. Pedro II. D. Pedro II, só no ano de 1888, viajou ao exterior três vezes. Viajava tranquilo, com a sua filha no poder.

Antes disso, diversas cidades já foram se antecipando e abolindo a escravidão. A região de Tietê/Piracicaba, destino dos nossos antepassados, tinha muitos escravos.

Em 1888, o Brasil ainda não possuía o Acre, que só foi negociado com a Bolívia em 1903.

O voto feminino só foi aprovado em 1932 no Brasil, mas poderia ter acontecido antes. Em 1891, poderia ter sido a primeira nação a aprovar o sufrágio feminino, mas a emenda foi rejeitada. O Brasil perdeu o *timing*, pois estavam promulgando a segunda Constituição do Brasil, marcando a transição da monarquia para a república. Os nossos legisladores ficaram com medo de darem poder às mulheres. Pois é... é machismo que fala?

O Brasil demorou para decretar o fim da escravidão, assim como para liberar o sufrágio feminino.

Em 1888, o Papa era o Leão XIII, da ordem franciscana, e naquele ano lançou a encíclica "in Plurimis":

> Agora, entre tantas misérias, deve-se lamentar severamente a escravidão a que uma parte não escassa da família humana foi submetida por muitos séculos, derramada em miséria e sujeira, ao contrário do que foi originalmente estabelecido por Deus e pela Natureza. Assim, de fato, ele decretara o supremo Criador de tudo: que o homem exercesse uma espécie de senhorio real sobre os animais da terra, do mar e dos pássaros, e não que ele dominasse seus semelhantes [...]

Não podemos esquecer que, em 1888, tivemos a sinfonia n.º 5 de Tchaikovsky. Associo a saída dos nossos antepassados do Porto de Gênova, na Itália, a essa sinfonia. A imagem forte da pintura de Angiolo Tommasi

"Gli Emigranti", que retrata os emigrantes no Porto de Gênova, também é emocionante.

Quero citar aqui a historiadora Ângela Mendes Silveira, estudiosa da mitologia: montar a árvore significava para os celtas um ato mágico, que visava a reforçar os laços com os antepassados e prestar uma homenagem aos que lhes tinham transmitido a vida. "As raízes estão entranhadas no solo e os galhos apontam para o céu, simbolicamente formando um elo entre as forças celestes e terrenas", diz ela ao explicar a simbologia celta.

Família, escrevi esta obra com muito amor, tentei dar o meu melhor. Reconheço que o grosso da obra se refere ao meus pais, João e Rosalina. Portanto, está escrito sob a minha ótica, que pode ser diferente da de vocês. Cada um tem sua história, e esta não é uma obra acabada. Mas tudo o que levantei é de interesse de todos.

O título do livro, *Eterno Presente no Túnel do Tempo*, ficou interessante. Você vai descrevendo o passado e consegue perceber que não existe Passado, Presente e Futuro, mas sim um eterno Presente! Muito bonito isso! O título da obra só saiu após o final do livro. Até abri um vinho italiano para brindar a isso... *Salute!*

Vejam bem, estou dentro da Teoria da Relatividade, de Einstein, pois o espaço e o tempo são relativos e é possível viajar no tempo, já que massa e energia são a mesma coisa. Não vou me adentrar muito aí nesse campo, que dá pano para manga, mas nada nos impede de fantasiar, pois a física teórica diz que tudo é possível. Essa viagem que fizemos juntos ao passado acaba sendo o presente. E o futuro logo logo vai virar passado. Bom, vamos parar por aqui, rsrsrsrs.

Sempre é bom falar que, nesta obra, os erros são meus e peço desculpas, também, pelos eventuais enganos ou pelas omissões no manuseio de dados que me foram enviados pelos vários membros da família e pelos amigos. Aliás, por meio de alguns desses relatos, descobrimos situações interessantíssimas.

Os elogios e os acertos eu redireciono ao UNIVERSO por me permitir vivenciar tudo isso e ser seu instrumento.

O melhor deste trabalho foi sentir-me parte da história da nossa família, o que me deu uma satisfação enorme. Senti que o meu DNA vem vindo lá de trás e tive uma pequena noção de onde vim! Agora eu até me vejo me comparando com algum antepassado que viveu em outra época.

É simples, feche os olhos e deixe sua imaginação fluir. Aí não tempo nem espaço, tudo é!

Gratidão sempre aos nossos antepassados e vamos em frente que a história continua!

Fotografia 27 – Família

Gosto muito dessa foto. Da esquerda para a direita, vemos: Tia Carolina, uma moça de cabelos cacheados que morreu cedo e não souberam identificá-la, tio Ângelo, Angelina Brandolize, Virgínia, Elizena Brandolize (irmã do José Brandolize), Giuseppe (avô) e José Brandolize (irmão do Bê). As crianças: Diva Brandolize e Bê Brandolize. Atrás, o tio José Marcon (Bepim) e o Brasílio (irmão da vó Marieta).

Fonte: o autor

O meu pai e o tio Pedro não estão na foto, mas com certeza se sentem bem representados.

Para qualquer dúvida ou comentário, não deixe de entrar em contato comigo em jmarcon99@gmail.com, e aos de perto a gente se vê por aí!

Obrigado, Universo, por eu fazer parte desta história!

Gracias a La Vida!

E, para finalizar, um belo conto para aproveitamos o aqui e agora:

Quando Alice estava tomando chá com o Chapeleiro Louco, ela notou que não havia geleia. Pediu, então geleia, e ele disse:

- A geleia é servida dia sim, dia não.

Alice reclamou:

- Mas ontem também não havia geleia!

- Isso mesmo - respondeu o Chapeleiro Louco. A regra é esta: geleia sempre ontem e geleia amanhã, nunca geleia hoje... porque hoje não é ontem nem amanhã. (De *Alice no País das Maravilhas*, de Lewis Caroll)

Ainda que o tempo seja uma ilusão, o AGORA É SEU.

FONTES NACIONAIS

- Angelin Urso – Entrevista em 2002.

- CENNI, Franco. *Italianos no Brasil:* Andiamo in America.

págs. 163, 177/178, 219/220, 262.263,–Em janeiro 1960 foi primeiro colocado no concurso "Prêmios Itália" patrocinado pela Companhia Antártica Paulista em homenagem à visita do presidente Gronchi ao Brasil;

PEREIRA, João Baptista Borges Pereira. *Italianos no mundo rural paulista.*

MARCON, João. *Os caminhos do João,* 2018.

- *Jornal de Cerquilho,* ago. 2004, artigo sobre a família Bertanha, escrito pelo padre José Antônio Bertanha;

- Grazie tante, veneti. *Folha de S.Paulo,* abr.1983.

- Jornal Rio Claro de 14/01/2008.

- CHIAVENATO, Júlio José. *Coronéis e carcamanos.*

- BATISTUZZO, Leda Coelho de Oliveira. *De Mansuè* - Vêneto - Itália... para Tietê-São Paulo - Brasil (pág. 158/159). [19–]

- ZURCHER; MARGOLLÉ. *Naufrágios célebres,* 1997.

- Luis Moreschi Caldana – Entrevista em 2002.

- Museu da Imigração/SP

- ELLIS, Myriam. *O café:* literatura e história (pg. 153/154), citando Jorge de Andrade "Os ossos do Barão" (peça teatral in "a Escada e os Ossos do Barão".

- MARZOLA, Nádia. *Bela Vista,* série "História dos Bairros de São Paulo";

- Padre Olavo Munhoz, estava escrevendo um livro e acabou não sendo publicado devido ao seu falecimento, mas seus relatos são impressionantes. O texto aqui foi copiado do Memorial Boituva em sua página do Facebook de 15/02/2017.

- Pasquale Abramo – entrevista.

- Terezinha Holtz – entrevista 2019.

FONTES ESTRANGEIRAS

- Archives Municipales Fort de Tourneville – Le havre – France.

- Bert Hellinger - psicoterapeuta – fundador da Constelação familiar.

- Departamento de Operaciones de Collado Rescate – Uruguay.

- Edmondo de Amicis – poesia – "Os Emigrantes" (1882).

- Gianni Rodari – poesia – "O Trem dos Imigrantes".

- Leonardo Sciascia - "Occhio di capra", pag. 68-69).

- L'Initiation n.º 2, 1974 "A Queda" (Revista francesa, editada pelos maçons).

- Museo Dell'Emigrazione Italiana Online.

- Papa Leão XIII – Encíclica "in Plurimis" (1888).